JN193104

しししのはなし

宗教学者がこたえる
死にまつわる
〈44+1〉の質問

正木晃・著
クリハラタカシ・絵

CCCメディアハウス

プーン
パチン!!
夏になると
入ってくる
網戸の目より
小さな虫
こんな小さな虫にも
ちゃんと生命《いのち》が
あるという不思議
かゆい…
たった今
ぼくに潰されて
死ぬまでは

チ〜ン

死

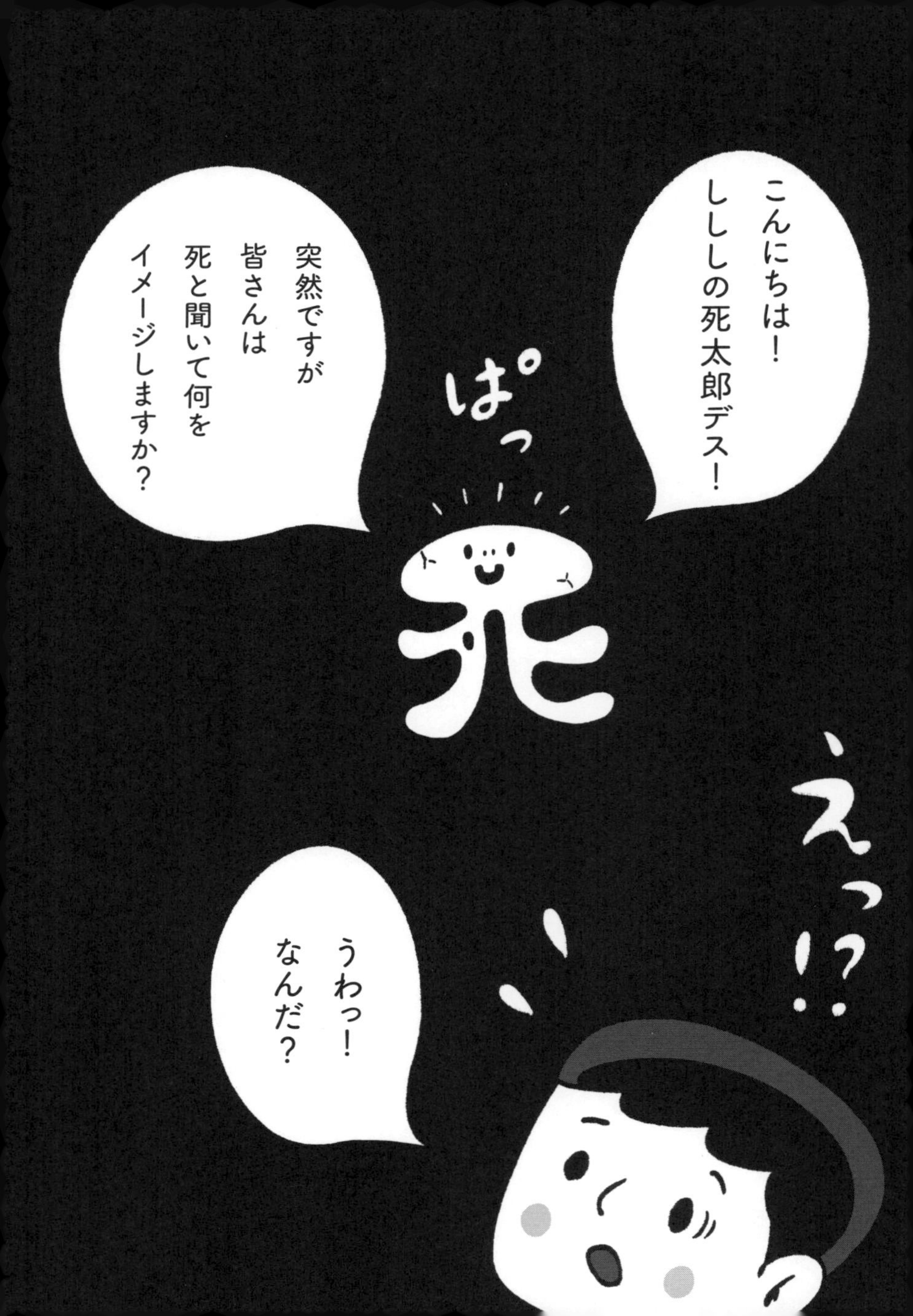
こんにちは！
しししの死太郎デス！
ぱっ
突然ですが
皆さんは
死と聞いて何を
イメージしますか？
えっ!?
うわっ！
なんだ？

「死」と聞いて…
ヒタヒタヒタ…
死
えっ?
なんだ? なんだ? こいつ?
ヒタ
ヒタ
ひぃっ!
死
何を
死
死
死
ヒタ
ヒタ
イメージしますか?
ゴゴゴ…
うわーっ
死
死
死
逃げられない!?

死と聞いて何をイメージしますか？
えー まだピンと こないけど
今の暮らしで手いっぱい！ そんなこと考えてる暇ないわよ～
ぼく 死にたく なーい
死って なんか、怖い…
ホラ ホラ
あっ オレ この前…

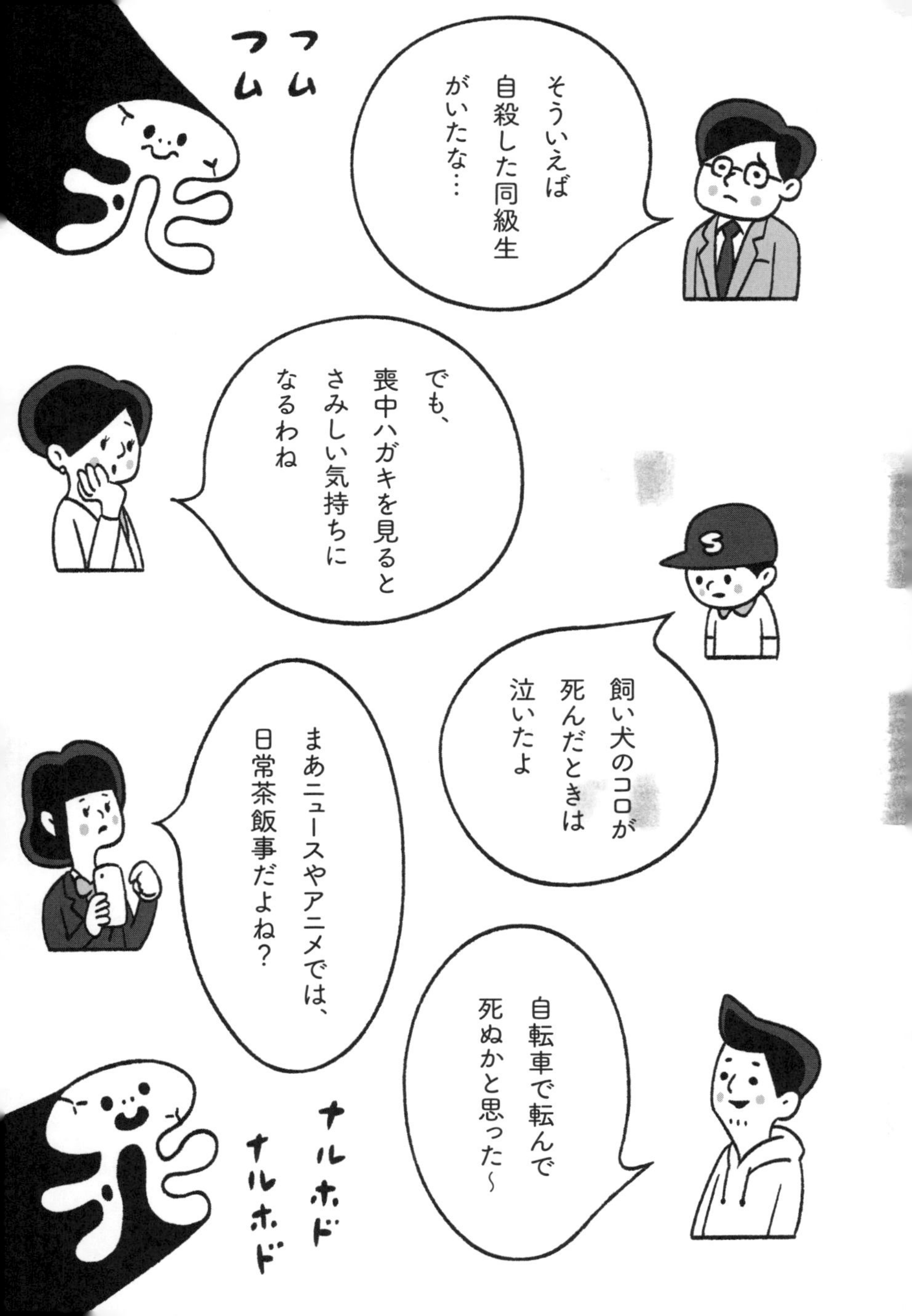
そういえば自殺した同級生がいたな…
フムフム
でも、喪中ハガキを見るとさみしい気持ちになるわね
飼い犬のコロが死んだときは泣いたよ
まあニュースやアニメでは、日常茶飯事だよね？
自転車で転んで死ぬかと思った～
ナルホドナルホド

生命あふれるこの世界も
裏を返せば
死にあふれているのデスね！
安楽死
延命
尊厳死
痛み
緩和ケア
孤独死
不安
孤立死
グリーフケア
自殺
切腹
悲しみ
殉死
サバイバーズ・ギルト
わっ

死
遺体観
手元供養
臓器提供
遺骨観
業苦の世界
余命宣告
心
脳死
夢
理想郷
輪廻
あの世
よみがえり
恐怖
非業の死
たたり
幽霊
怨霊
生命あるものすべてある一つのゴールに向かって日々、刻々と近づいているのデス！

宗教学者の正木先生、
教えてください。
生命あるものは
なぜ生きて
そして、
なぜ死ぬのでしょうか？

I となりの死

1・死ぬのが怖いのは、なぜ？ 020
2・人はいつ、死ぬの？ 024
3・死んだら、どうなるの？ 028
4・死ぬとき、何が見えますか？ 033
5・亡くなった人と会えますか？ 037
6・死んだら天国とか極楽にいくって、本当？ 041
7・幽霊はいるのですか？ 046
8・60年前にあの世を信じない人が多かったのは、なぜ？ 050
9・幽霊を見てしまったら…？ 054
10・幽霊が見える人と見えない人がいるのは、なぜ？ 058
11・幽霊を見たら、どうすればいい？ 062

II 誰かの死

12・あの世って、どんなところ？ 067
13・いつか永遠の生命も現実になる？ 072
14・死んだ人が生き返る？ 076
15・クローンは危うい生命？ 080
16・たたりって、あるのでしょうか？ 085
17・親しい人や家族を亡くして悲しいのは、どう癒せばいい？ 090
18・家族を亡くした人にしてあげられることは？ 095
19・あの人が死んで、わたしは生きている…いいのかな？ 099
20・友だちに「死にたい」っていわれたけれど…？ 103
21・自殺は悪いこと？ 生命は誰のもの？ 108
22・小説やドラマの「心中」は、死を美化していませんか？ 113
23・大事なペットの死…どう供養すればいい？ 118

24・動物たちは死を考えるの？ 122
25・食われて死ぬ恐怖って…？ 126
26・死んだ人の魂が見守っているって、本当？ 132
27・死んだ人が夢にあらわれた…これってどういうこと？ 135
28・亡くなった人の気配を感じたら？ 139

III 自分の死

29・自分がいつか死ぬなんて、想像できませんが…？ 144
30・余命宣告されたら、何をしたらいいんだろう？ 148
31・けっきょく死んだら、みんな同じ？ 153
32・いつか死ぬなら、何をしてもいいんじゃない？ 157
33・良い死に方と悪い死に方って、あるんですか？ 161
34・苦しまない死に方は、ありますか？ 165
35・神様には、どんな力があるの？ 169

Ⅳ 巷《ちまた》の死

36・臓器提供した身体の一部は、ずっと生きている？ 174
37・かっこいい死に方って、あるの？ 178
38・主人公の死はタブー？ 182
39・生命を選んでいいのでしょうか？ 188
40・お地蔵さんがあちこちに…なぜ？ 193
41・焼身供養って何ですか？ 自殺とは違うの？ 198
42・遺体を探し続けるのは、日本人独特のこと？ 202
43・仏って、何でしょう？ 206
44・亡くなった場所に、魂はあるの？ 210
99+1・「生」とは、何ですか？ 216

信念が行路を照らす

はじめまして。宗教学者の正木《まさき》晃《あきら》です。宗教学者ときいて、何をする人だろう？　と首をかしげる人もいるはずです。宗教学というのは、文字どおり、宗教を研究する学問です。少年時代のわたしは絵に描いたような虚弱体質でした。そのため、体力と関係のない職業につこうと、学者を志しました。多感なときに「死」を意識したことで、ものごとを深く考える癖もつきました。宗教学者になるめばえは、すでにこの頃にあったのかもしれません。

わたしが「宗教学」という学問をはっきりと意識して選んだ背景には、父のことがあります。公務員だった父は演説の名手で、人望もありましたが、わたしが小学校の五年生のとき、重度の脳卒中で倒れてしまいました。生命はかろうじて救われましたが、脳の左半分に大きな損傷を受けたせいで、言語障害をはじめ、半身不随など、非常に重い後遺症が残りました。知性や理性という、人間にとってもっとも大切な力も、ほとんど失われ、食べることにしか興味がなくなり、ちょっとしたことで感情を爆発させました。自分自身に絶望したのか、刃物を振りまわしたこともありました。父は一五年後に病気が再発して亡くなりましたが、状態はいくらか良くなったものの、元に戻ることはありませんでした。

このとき、わたしは人間の知性や理性がいかにもろいものか、身に染みました。自分が一生をかけて研究するなら、知性や理性を超える領域、あるいは知性や理性では到達できない領域を選ぼうと思いました。それが「宗教学」だったのです。実際に宗教学を選んだのは高校生のときでしたが、その発端はずっと前にさかのぼるのです。

「深い穴を掘るには、まず広く掘れ」といわれますが、はじめから宗教学という学問領域だけにこりかたまらず、大学と大学院で歴史を専攻したのも良かったのかもしれません。一時期、現代音楽のプロデュースやロックバンド活動もしていました。天宮志狼《あまみやしろう》（志龍）さんと結成したバンドは、ネパールの首都、カトマンドゥ郊外のチベット人居住地で、大きなコンサートを催すこともできました。今の研究とは一見、無関係のようですが、その後、チベット仏教を研究することになったのを考えれば、こりかたまらないということにも何か意味があったのでしょう。

チベットの仏教を研究することになったきっかけは、チベット仏教研究の世界的な権威であるツルティム・ケサン先生（大谷大学名誉教授）から、「わたしとあなたは前世では兄弟だった。だから、チベット仏教の研究をしなさい」といわれたからです。

「前世では兄弟だった」といわれたところで、確かめようもありません。でも、チベットでは今なお、輪廻《りんね》転生《てんしょう》が疑う余地のない真実として、かたく信じられています。

わたしは「じゃあ、研究します」とこたえました。結果は大成功で、わたしの純学問的な業績のかなりの部分は、チベット仏教の研究に関係しています。

ツルティム・ケサン先生を紹介してくださったのは、精神科医の加藤清先生でした。加藤先生は、たいへん高名な心理学者の河合隼雄先生が「あの人は別格」とおっしゃっていたくらい偉い精神医学者です。たいへん豊富な臨床体験をお持ちで、「死」についても、余人とは別次元の深い知見の持ち主でした。キリスト教や禅にも非常にくわしく、わたしがこれまでに出会った方々の中で、もっとも大きな影響を受けた方です。

「宗教」に、胡散臭さや過激なイメージを抱く人も多いと思いますが、〝何かを強く信じる力（＝信念）〟といいかえれば、少しピンとくるのではないでしょうか。今のわたしがこうしてあるのは、自分が進みたい道への信念を貫き通したからでしょう。

また、たくさんの人々との出会いにも導かれてきたからです。

信念は、いいかえれば、ある種の信仰です。未来を見据えたとき、誰の心にも「生きよう」という意思が生まれます。それも小さな信仰心であり、宗教といえるのだとわたしは思っています。自分なりの信念をあらゆる面で持つことで、誰もが、自分の行路を照らせるのです。

そういう意味では、今日という日を生きる誰もが、なんらかの想いを胸に秘めた宗教学者といえるのではないでしょうか。わたしはたまさか宗教を学問の専門として研究していますが、宗教学者のわたしと読者の皆さんは、じつは、とても近いところにいますし、同じ舞台を生きているのです。

わたしが「死」をメインテーマにした本を書くことになったのは、たぶん偶然ではありません。これまでの自分の生き方や出会った方々のことを考えるとき、つくづくそう思います。

本書の制作にいたっては、フリー編集者の渡辺のぞみさん、絵のクリハラタカシさん、装丁の原田恵都子さん、CCCメディアハウスの田中里枝さんにたいへんお世話になりました。わたしは長年馬術をしていますが、馬がいくら頑張っても、良い騎手に恵まれないと良い成績はあげられません。さまざまな良い騎手に恵まれて本書ができたことに、厚く御礼を申し上げたいと思います。

ヒタヒタヒタヒタヒタ…

I

となりの死

1

死ぬのが怖いのは、なぜ？

ほとんどの人間は「死ぬのが怖い」と思っています。

もちろん、中には「死ぬのは怖くない」という人もいます。でも、本当にそう思っているのかどうかとなると、けっこう怪しい話です。

こんな例があります。「わたしは死ぬのが怖くない」と主張する哲学者がいました。なにしろ、死は哲学者にとって、解明すべき最大級のテーマなので、こういう主張をした哲学者は、歴史上、何人もあらわれました。もちろん、哲学者ですから、「死ぬのが怖くない」理由もちゃんと説明していました。

よく使われてきた理由は、こうです。「死はつねに他人の死であって、自分自身の死ではない。自分自身の死は体験できない。死を知ることはできない。ようするに、怖い対象が認識できないのだから、もっとはっきりいえば、死は存在しないのだから、怖がることはない」そうです。

今あげた理由の他にも、「死ぬのが怖くない」理由をいろいろあげていました。さすが哲学者だけあって、雄弁でした。

問題はこういう主張をしていたご本人が、いざ自分が死にそうになったとき、なんら動揺することなく、心静かに死ねたかどうか、です。

調べてみると、どうもそうではなかったようです。ある哲学者はつとめて平静をよそおっていましたが、内心は恐怖や不安でいっぱいで、パニック状態になったと聞いています。他人様の前では穏やかそうにしていても、家族に向かって当たり散らしていた例もあります。一人でいると、怖くて怖くて、いたたまれなかったのか、大勢の人々の前に出て、話をしたがった人もいました。

どうやら、「死ぬのが怖くない」という主張は、しょせん理屈のうえの話だったようです。

哲学者によっては、「死ぬのが怖い」理由を、恐怖ではなく、不安に求めることもあります。恐怖は対象があるのに対して、不安は対象がはっきりしない。対象がはっきりしないので、なおさら怖いという理屈です。

確かに、対象がよくわからない、得体が知れないというのは、怖いと思います。でもそういうことを、あれこれ詮索するよりも、「死ぬのが怖い」のは、人間として、当たり前のことだと考えたほうが、良いのではないでしょうか。

いずれにしても、理屈をつけて、「死ぬのが怖くない」といいはっても、あまり意味はありません。哲学者が死について、あれこれ論じるのも、本当は「死ぬのが怖い」自分自身を安心させるための方便にすぎないのかもしれません。

では、なぜ、ほとんどの人間は「死ぬのが怖い」のでしょうか。そのこたえは簡単です。わたしたちが人間だから、です。

人間以外の動物は死を恐れません。象など、ごく一部の動物は、仲間の死を悼《いた》むという報告もされていますが、「死ぬのが怖い」と考えている可能性はまずありません。

動物の世界は生きることに懸命です。ちょっと油断すれば、生命《いのち》はたちまち失われてしまいます。ライオンや虎に追いかけ回されている草食動物は、それこそ「食べられてしまう」恐怖の極みを体験しているに違いありませんが、死ぬとは感じていないでしょう。「死ぬのが怖い」と考える余裕など、あるはずがないのです。

ところが、人間に限っては、幸か不幸か、死について考える余裕が生まれてしまいました。他人の死から、自分自身の死を想像することができるようになってしまったのです。

人はいつ、死ぬの？

ついさっきまで生きていた人が、死を迎えたとします。では、いったいいつから生から死へと移るのでしょうか。生から死へと移る、いわば決定的な瞬間はあるのでしょうか。

この問いは「死の判定」という課題とつながっています。お医者さんが「ご臨終です」という判断基準です。

これまで、日本人は「三徴候死《さんちょうこうし》」によって「死」を確認してきました。まず、脈をはかって心臓の停止を確認。次に、鼻のところにティッシュペーパーをつけて自発呼吸の停止を確認。最後に、まぶたを開いて懐中電灯を近づけ、瞳孔が収縮しないことを確認。瞳孔の散大は、脳の中でも生命活動をつかさどる脳幹が活

2

動を停止したということを意味します。

つまり、心臓の停止、呼吸の停止、瞳孔の散大（脳の機能停止）という三つをもって、人の死としてきたわけです。

ところが、一九九七年一〇月一六日に、「臓器移植法」が施行されて以来、日本でも「脳死」をもって、人の死と見なされることになりました。「脳死」というのは、身体はまだ生命活動を続けているのに、脳はもう活動を停止してしまった状態です。

もう少し具体的に説明します。たとえば、交通事故で頭部を損傷した場合とか脳出血とか脳梗塞などで心肺停止に陥ったとき、医者は救命のために心肺蘇生をします。電気ショックとかAED（自動体外式除細動器）を使って止まった心臓を蘇生しようとこころみます。気管にはレスピレーター（人工呼吸器）を挿入します。

しかし、そういうふうに、救命処置をしている間にも、脳は酸欠を起こして脳細胞が死にはじめます。一五分くらい経過すると、脳細胞はかなり死んでしまいます。四〇分くらい経って、脳幹が死ぬと、もう自発呼吸ができなくなります。

この状態になると、自分の力では、自分の生命を維持できません。レスピレーターをつけていても、脳はそう長くはもちません。大概の場合は、二四時間くらいすると、血中酸素も脳波もゼロになります。医学用語でいえば、脳は「蘇生限界点」を超えてしまい、ようするに死んでいるのです。

にもかかわらず、レスピレーターによって呼吸し、心臓も動いている状態が続きます。それが脳死です。この状態は、機器でも故障しない限り、延々と続く可能性があります。実際に、脳死と判定されてから、一〇年以上も、レスピレーターによって呼吸し、心臓も動いている例があります。

でも、人工的とはいえ呼吸し、心臓が動いている状態は、わたしたちの常識では「死」とは思えません。ちなみに、脳死による臓器移植では、人工的とはいえ呼吸し、心臓が動いている状態の身体から、臓器移植を待ち望んでいる人のために、必要とされる臓器が取り出され、移植されることになります。

さらに難しいのは、子どもの脳死です。子どもの場合は、「長期脳死」になる割合が四人に一人くらいあるという報告があります。しかも、脳死の状態になっても、身体が成長を続けることがわかっています。じっとしているとは限らず、身体を動かすこともあります。これでは、親が子どもの死を受けいれるのは、無理というものです。

このように、医学の進歩によって、人はいつ死ぬのか、ますますわからなくなっています。死がバラバラの状態になっているといえるかもしれません。まるごと、これが死だとはいえないのです。

そういう時代に、わたしたちが生きているという事実を、あらためて確認しておく必要がありそうです。

3

死んだら、どうなるの？

「死んだら、どうなるの？」という問いは、「死後世界があるのかないのか？」という問いと、表裏一体の関係にあります。なぜなら、死後世界がないとすれば、死んだら、それですべてお終《しま》いというこたえしか得られないからです。

いいかえると、死後世界があると想定しない限り、「死んだら、どうなるの？」という問いは意味がないのです。

となると、まず問うべきは、死後世界があるのかないのか、です。

この問いを考えるとき、わたしたちの頭にまず浮かぶのは、科学は死後世界の存在を認めているかどうか、ではないでしょうか。なにしろ、現代の日本人は科学が大好きです。「科学的」という言葉は、絶対の真理に近いニュアンスがあります。

ようするに、死後世界があるのかないのかの判断を、科学にゆだねようという話です。科学が「ある」といえば、死後世界はあります。反対に、「ない」といえば、死後世界はありません。話は簡単です。

結論からいうと、科学者の大部分は、死後世界の存在には否定的です。地球のどこを探しても、あるいは宇宙のどこを探しても、死後世界そのものはもとより、死後世界の存在をうかがわせるような証拠は見つからないので、死後世界はないと考えているようです。

確かに、永遠の理想郷とされる極楽浄土や天国、あるいは業苦《ごうく》の世界とされる地獄が、地球や宇宙のどこかにあると考えるのは、もはや無理かもしれません。いや、極楽浄土や天国や地獄は、わたしたちの身体の外にではなく、わたしたちの心の中にあると主張する人々もいます。この種の主張に対しても、科学者の大部分は冷淡です。

彼らにいわせれば、心は脳のはたらきによって生みだされるものだから、脳そのものが機能を停止してしまえば、心も消えてしまう。つまり、死んでしまえば、心はなくなってしまう。心がなくなってしまうのだから、そこに死後世界があるはずがないというのです。

こんなぐあいに、死後世界は科学の前に、すこぶる影が薄くなっています。では、死後世界はないといいきってしまって良いのでしょうか。

じつは、科学では、死後世界があるかないかは、判定できないのです。その理由は、科学は科学が担当できる領域の中でのみ、真理を追究することができるからです。いいかえると、科学では担当できない領域があるのです。死後世界も、科学の担当領域ではありません。

この点については、ルネサンス以来、科学と宗教が熾烈な抗争を体験してきたヨーロッパのキリスト教社会が参考になります。とりわけ、先々代のローマ教皇、ヨハネ・パウロ二世（一九二〇～二〇〇五）が、近代科学の基盤をきずいたニュートンの『プリンキピア』公刊三〇〇年を記念して開催された国際会議「神と自然に関するわれわれの知識」の成果が出版されたとき、その序文として寄稿したものが、とても重要です。全体はかなり長いので、もっとも大切な箇所を引用します。

一層明確に言えば、宗教と科学の両者は自分たちの自律性とそれぞれの差異を保たねばなりません。宗教は科学に基盤を置くものではなく、また科学は宗教の拡張ではありません。各々はその固有の原理、特定の手法、解釈の多様性および固有の結論を持つべきです。キリスト教はそれ自体のうちにその正当化の源を持っており、科学にキリスト教の第一の護教論を築くように期待していません。（柳瀬睦男監訳『宇宙理解の統一をめざして』）

この指摘は、キリスト教にとどまらず、日本の仏教や神道にも適応できます。わかりやすくいえば、科学と宗教は、互いを尊重し合う必要があるということです。科学は宗教の領域には介在できませんし、宗教は科学の領域には介在できないのです。

別の表現をするなら、科学的な真理と宗教的な真理は、両立するということです。これは、非常に貴重な智恵の賜物《たまもの》です。

明治維新以来、急速な近代化をよぎなくされた日本では、科学の力ばかりが強くなってしまいました。でも、科学にはおのずから限界があります。このことをきちんと認識しておく必要があります。

死ぬとき、何が見えますか?

人間が死を迎えるとき、感覚器官はじょじょにその機能を失っていきます。ある時点で、目も見えなくなります。最後まで残るのは聴覚、つまり耳だそうです。

この点については、こんな話があります。ご臨終を迎えそうな方の枕元で、親族や知人が、その方の悪口や遺産相続の話をしたそうです。意識はすでになく、すぐ死んでしまいそうだったので、何をいっても、どうせ聞こえやしないとたかをくくっていたようです。

ところが、その方は奇跡的な回復をして、意識が戻ったのです。そして、親族や知人が自分の枕元で話していた内容をすべて覚えていて、かんかんに怒ったという話です。

それ以来、この病院では、たとえご臨終間近の方であっても、病室の中では、その方に関係しそうな話はいっさいしてはならないという通達を出したと聞きました。

さて、わたしたちが「見る」のは、肉眼を通してとは限りません。たとえば、夢は肉眼がはたらいていないにもかかわらず、見ます。もし仮に、死ぬときに何かを見るとすれば、それは夢に近い体験かもしれません。

厳密にいうと、本当に死ぬとき見たものを、わたしたちは知ることができません。なぜなら、ある人が死を迎えるとき何かを見たとしても、その人は死んでしまうので、見たものを語ることはできないからです。

ですから、「死ぬとき、何が見えますか?」という問いにこたえることは、そもそも不可能です。わたしたちが知りうるのは、死の瞬間に見るものではなく、死のちょっと前に見るものまでです。

以下にご紹介するデータは、東京大学大学院人文社会系研究科「グローバルCOE『死生学の展開と組織化』の課題と目標」から、二〇〇八年三月に発行された『死生学研究』第九号に掲載された論文、「現代の看取りにおける〈お迎え〉

体験の語り──在宅ホスピス遺族アンケートから」からの引用です。なお、論文のタイトルにある〈お迎え〉とは、死の直前、すでに亡くなった親族や知人が訪れる、あるいは特別な風景を見るという現象です。

この論文は二〇〇七年に、在宅緩和ケア（在宅ホスピス）を利用し、在宅で終末期患者の看取りをおこなった遺族を対象におこなわれた大規模なアンケートが基本になっています。アンケートがおこなわれた地域は、東北地方の宮城県名取市の周辺です。

質問項目は、故人の宗教性などの他に、看取りの際の経験について、「あるとき、患者さま本人が、自分の最期が近いことを悟ったようだった」という質問と、「患者さまが、他人には見えない人の存在や風景について語った。あるいは、見えている、聞こえている、感じているようだった」という質問を設け、それぞれ有り・無し・不明の選択肢を用意しています。

その中で、「患者さまが、他人には見えない人の存在や風景について語った。あるいは、見えている、聞こえている、感じているようだった」という質問の回答は、有効パーセントにして、なんと45・6%、つまり半数近くにも達していました。この数字は、「〈お迎え〉はめったに起こらない」というこれまでの常識を、くつがえすものです。

5

亡くなった人と会えますか？

前項（34ページ）の論文によると、〈お迎え〉の「見えた、聞こえた、感じたらしいもの」の内訳（％）は、以下のとおりです。

すでに亡くなった家族・知り合い	52・9
その他の人物	34・2
お花畑	7・7
仏様	5・2
川	3・9
神様	0・6

トンネル　0・6

その他　31・0

また、故人に見えたらしい人物の内訳（数）はこうなっています。

	死者	生者
父	21	0
母	28	1
夫・妻	13	0
兄弟姉妹	19	3
息子・娘	5	3
その他の親戚	14	4
友人・知人	16	15
それ以外	2	22
無回答	10	4

以上の結果で、なにより目立つのは、死ぬちょっと前に見たらしい人物の大半が、すでに亡くなった家族もしくは知り合いだったという点です。逆に、神様や仏様は少なかったのです。

また、死ぬときにお花畑や川、あるいはトンネルを見るという話をよく聞きますが、実際にはあまりありませんでした。これはけっこう意外です。

もちろん、こういう結果になった背景には、宮城県名取市という地域性を考えておく必要があります。他の地域では、別の結果が出るかもしれません。

ただ、日本の伝統宗教が、いわゆる「先祖供養」を中心にしてきた事実を考え合わせると、すでに亡くなった家族や知り合いを見たという結果は、もしかしたら、日本のかなり広い範囲で共通する可能性もあります。

いずれにしても、会いたいけれど、死んでしまって、もうこの世では会えない人に、死の直前に会えるというのは、非常に嬉しい気もします。

ただし、この種の体験に対しては、それは譫妄《せんもう》にすぎないという見解もあります。譫妄とは、臨死期における精神錯乱を指しています。医学の立場（DSM-V　精神疾患の分類と診断の手引　第五版）では、認知機能の全般的障害をともなう意識障害であり、一般に情動不安定性、幻覚または錯覚をともない、ほとんど急性で、可逆的な精神疾患であると定義されています。

この定義によると、はっきりいって、医学的にはマイナスの価値しかあたえられていないようです。しかし、譫妄もまた、「人の死」という、これ以上はない厳粛な出来事の中で起こる事態であることを思えば、一方的にマイナスとのみ評価するのは、やはり納得できません。

この種の体験を、もっぱら医学の立場からのみ受けとるのではなく、人の死にまつわる厳粛な現象として受けとる。それくらいの余裕ある態度を、わたしたちは持ちたいと思うのです。

6 死んだら天国とか極楽にいくって、本当？

生前に善《よ》いことをたくさんしていると、死んでから天国や極楽浄土に代表される理想郷にいき、反対に悪いことばかりしていると、死んでから地獄に堕ちるとよくいいます。これは本当でしょうか。

このことも、死後世界があるかないかという問いと同じように、科学の領域では判定できません。逆に、宗教の領域では、ほとんど例外なく、永遠の理想郷と業苦の世界があることを認めています。

ここで、ぜひ知っておいてほしい事実があります。それは、人類の歴史において、天国・極楽のような理想郷と地獄のような業苦の世界が登場してきた順番です。

①あの世のイメージがない
②あの世もこの世とあまり変わらない
③あの世はとても良いところ→天国・極楽の誕生
④あの世はとても悪いところ→地獄の誕生

このように、天国・極楽のほうが、地獄よりも先行しているのです。いいかえると、地獄はいちばん後に登場してきたのです。

ちなみに、『旧約聖書』には死後世界についての記述がありません。『新約聖書』では、死後世界の存在と最後の審判についての記述はありますが、天国や地獄に関する具体的な記述はごくわずかしかありません。それに対して、『コーラン』には天国や地獄についての、かなりくわしい記述があります。

仏教でも、開祖のブッダやその弟子たちの時代に成立した経典には、生前に善いことをたくさんしていると、死んでから良いところに生まれ変わり、悪いことばかりしていると、死んでから悪いところに生まれ変わるとは説かれていますが、良いところや悪いところについての具体的な記述はありません。極楽や地獄について、経典に具体的な記述があらわれるのは、ブッダが活動していた時代から、五〇〇年くらい後のことです。

登場してきた順番を見ると、すぐわかるとおり、ある段階までは、わりあい簡単に天国や極楽にいけると信じられていたようです。仏教の経典でも、地獄の存在はあまり語られていません。

ところが、今から一〇〇〇年くらい前の段階になると、どういうわけか、地獄の存在がやたらと強調されるようになります。この点は、キリスト教でも仏教でも、変わりません。

その頃書かれた本を読むと、まず最初に地獄についてのくわしい記述が延々と続き、その後でやっと天国や極楽についての記述があらわれます。そもそも地獄に比べると、天国や極楽は、情報量がずっと少ないのです。

その内容も、地獄はこれでもかこれでもかという感じで、手を変え品を変え記述されているのに、天国や極楽の記述はワン・パターンで、正直いって、おもしろくありません。宗教美術の領域を見ても、天国や極楽を描いた絵は単調なのに、地獄の絵はバリエーションに富んでいます。人間は、プラス方向の想像力よりも、マイナス方向の想像力のほうがずっと豊かなことを、思わず実感させられます。

そして、洋の東西を問わず、まず脅しておいて、次に救いの手をさしのべるというのが、宗教界の通例です。そうなると、得をするのは宗教者だけという話になります。

とりわけ中世からルネサンスにかけての頃のヨーロッパのキリスト教は、ひどい状態でした。普通に暮らしているだけで、罪がどんどん加算され、地獄に堕ちるしかないという教えになっていたのです。そこに目をつけたのが、ローマ・カトリック教会でした。これさえ持っていれば地獄に堕ちないですむと宣伝して、「免罪符」を売り出して、大儲けしました。

しかし、その結果、宗教改革が起こって、ローマ・カトリック教会の権威は失墜してしまいました。まさに自業自得です。

もちろん、宗教が天国や極楽、あるいは地獄の存在を想定したことが、まったく無意味だったわけではありません。死後における恩寵と懲罰を想定することで、生前における行動に規範をもうけ、倫理や道徳の基礎を提供できたからです。

わたしには、天国や極楽、あるいは地獄が、本当にあるのかないのか、わかりません。まあ、いってみてのお楽しみかもしれません。

なお、キリスト教の地獄は、最後の審判を受けて、いったん堕ちてしまうと、永遠に出られないことになっています。でも、仏教の地獄は、懲罰が目的ではなく、あくまで更正のための場なので、永遠にいる必要はなく、いつかは出られるそうです。

幽霊はいるのですか？

幽霊はいるかいないか。この問いもまた、28ページの死後世界があるかないかという問いと同じように、確実なこたえを得るのは至難のわざです。ただし、幽霊を見たという人が、厳密にいえば、幽霊を見たと思っている人が、少なからずいるという点では、死後世界があるかないかという問いよりも、ずっと現実感があります。

幽霊の定義はいろいろありますが、なんらかの原因で、死んだ後も死後世界へいけず、この世にとどまったままの存在といったところでしょうか。もちろん、身体はすでになくなっているので、霊的な存在です。

こういうと、またまた問いが生じます。それは、死を迎えて、身体が失われた後も、なんらかの存在が残るのか残らないのか、という問いです。ようするに、死後も、霊魂とか魂と呼ばれる何かが残るのか残らないのか、ということです。

この問いも、残る／残らないのいずれかをめぐって、見解は大きく分かれます。

以下のデータを見てください。データの出所は、東京都の立川市にある統計数理研究所です。その名のとおり、確率・統計の理論やその応用に関する研究をおこなう、国立の機関です。

次のデータは、統計数理研究所が実施している「日本人の国民性調査」と称する調査のうち、「死後世界」を信じているかいないか、を問うアンケートの結果です。残念ながら、「死後の存在を問う」調査はないのですが、「死後世界」を信じているかいないか、という問いは、十分にその代わりになると思います。なぜなら、「死後世界」を信じるということは、「死後の存在」を信じることと、ほとんど同義だからです。

まず、最新の二〇一三年の調査結果は、以下のとおりです。

全体　信じる　40％　信じてはいない　33％　どちらともいえない　19％

男性	信じる 30%	信じてはいない 45%	どちらともいえない 18%
女性	信じる 49%	信じてはいない 23%	どちらともいえない 21%

全体では、「信じる」が「信じてはいない」よりも多く、男女別では、女性のほうが「信じる」がずっと多いという結果が出ています。

さらに注目されるのは、年代別の調査結果です。

20歳代	信じる 45%	信じてはいない 30%	どちらともいえない 19%
30歳代	信じる 41%	信じてはいない 34%	どちらともいえない 20%
40歳代	信じる 48%	信じてはいない 29%	どちらともいえない 19%
50歳代	信じる 47%	信じてはいない 30%	どちらともいえない 16%
60歳代	信じる 34%	信じてはいない 35%	どちらともいえない 23%
70歳以上	信じる 26%	信じてはいない 39%	どちらともいえない 20%

この結果は、多くの方にとって、意外かもしれません。なにしろ、年代別では若いほうが「信じる」が多く、年齢を重ねるほど「信じる」が少なくなっているのですから。とりわけ、いわゆる高齢者とされる70歳以上に、「信じる」が少なく、「信じてはいない」が多くなる傾向があきらかです。

わたしが大学でレポートを書かせても、男女を平均すると、約三分の二くらいの学生が死後世界を「信じる」・「信じたい」と書いてきます。とりわけ、女子学生の場合は、80%近くにもなります。

どうやら、最近の日本では、年をとればとるほど信心深くなるという、これまでの常識とは、まったく逆のことが起こっているようです。

8 60年前にあの世を信じない人が多かったのは、なぜ？

前項に引き続き、「死後世界」を信じているかいないかを問うアンケートについて。時間をさかのぼって、一九五八年の「日本人の国民性調査」の調査結果を見てみましょう。

全体	信じる	20%	信じてはいない	59%	どちらともいえない	12%
男性	信じる	17%	信じてはいない	64%	どちらともいえない	12%
女性	信じる	23%	信じてはいない	55%	どちらともいえない	12%

次は年代別の調査結果です。

20歳代	信じる	13%	信じてはいない	67%	どちらともいえない	12%
30歳代	信じる	14%	信じてはいない	65%	どちらともいえない	13%
40歳代	信じる	21%	信じてはいない	60%	どちらともいえない	12%
50歳代	信じる	29%	信じてはいない	52%	どちらともいえない	11%
60歳代	信じる	39%	信じてはいない	36%	どちらともいえない	8%
70歳以上	信じる	37%	信じてはいない	24%	どちらともいえない	21%

これまた意外なことに、60年前のほうが「あの世」を信じている人がずっと少なかったのです。特に、若い世代に「信じてはいない」傾向が圧倒的に多いという結果が出ています。

この結果を見る限り、日本人は60年前よりもはるかに「宗教的」になってきているようです。そして、二〇一三年の調査で、70歳以上に「信じる」が少なく、「信じてはいない」が多くなる傾向がある原因は、一九五八年に「あの世」を信じていなかった若い世代が、意識を変えることなく、そのまま高齢化したためなのかもしれません。

一九五八年に「あの世」を信じていなかった人が多かった原因は、やはり当時の社会情勢に求められるようです。日本は昭和の初期から一九四五年に敗戦を迎えるまで、なんと一五年間も戦争をしていました。太平洋戦争は一九四一年に開戦しましたが、じつはその一〇年以上も前から、主に中国大陸でずっと戦争をしていたのです。

この時期、日本の政権担当者たちは、極端な精神主義を国民に強いました。戦争をするには豊かな物量が欠かせませんが、その頃の日本の経済力や軍事力では、必要とされる量を満たせませんでした。そこで、物量の乏しさを、精神で補おうとしたのです。

しかし、その結果は惨敗でした。国民の多くは、精神主義の限界を思い知らされました。また、国力とは経済力に他ならないという認識を、いやおうなく持たされました。

それに加えて、戦前の右よりの政治姿勢に対する反省と反発から、今度は左よりの政治体制を求める声がかつてなく大きくなりました。その中核は、唯物論にもとづき、宗教に否定的なマルクス主義でした。

こうして、一九四五年以降の日本社会は、一方では経済至上主義が、もう一方ではマルクス主義のような唯物論が、我が物顔で闊歩することになったのです。

そうなると、宗教とか信仰は、影が薄くならざるをえません。「あの世」のことなど、もはや問題外です。これが、一九五八年の調査で、「あの世」を信じていなかった人が多かった原因と考えられます。

9

幽霊を見てしまったら…？

妙な表現ですが、さきほどあげたデータ（47～48ページ）を見る限り、日本では、60年前よりも今のほうが、ずっと幽霊が出やすくなっているようです。

わたしは、幽霊がいるのかいないのかをあれこれ詮索するよりも、幽霊を見たという「事実」を重視すべきではないかと思っています。

二〇一一年三月一一日の東日本大震災の後、被災地では、「お化けや幽霊が見える」というたぐいの話がたくさん寄せられました。幽霊の出現は「心の傷のあらわれ」、あるいはPTSD（心的外傷後ストレス障害）という見解もありますが、どうもそうとばかりはいえないようです。

具体的な例をあげましょう。

●津波で亡くなった子どもの幽霊が、自宅跡地に戻ってきてくれた。
●津波で死んだはずのお父さんが、まず靴の中に白い花弁として帰ってきて、その二週間後、遺体が見つかった。
●震災後の初夏。季節外れのコート姿の女性が、石巻駅近くで乗り込み「南浜まで」と告げた。「あそこはほとんど更地ですがかまいませんか」とたずねると、「わたしは死んだのですか」と震える声でこたえた。驚いて後部座席に目を向けると、誰も座っていなかった。
●八月なのに厚手のコートを着た、20代の男性客だった。バックミラーを見ると、まっすぐ前を指さしている。繰り返し行き先を聞くと「日和山《ひよりやま》」とひとこと。到着したときには、もう姿はなかった。

この他にも、
●仮設住宅に何かがいる。
●水たまりに目玉がたくさん見えた。
●海の上を人が歩いていた。

●自動車を運転していて、人をひいてしまったと思ったのに、そこに誰もいなかった。

などなど、この種の話はきりがないくらいあります。

歌手の南こうせつさんも、不思議な体験をしたそうです。それは、石巻市にあるお寺で、慰霊コンサートを開催したときのことです。須弥壇《しゅみだん》の上に親子三人の遺骨を安置し、その前で、つまり遺骨を背にして、こうせつさんがヒット曲の「神田川」を歌い出しました。すると、突然、息がつまって、歌えなくなってしまったのです。

そこで、こうせつさんは三人の遺骨に向き直り、あらためて深呼吸をし、息を整えてから歌い直しました。今度はうまく歌えました。後でこうせつさんにたずねると、「親子三人の霊の視線を強く感じ、彼らが語りかけてくれているように感じた」というのです。

こういう話や体験について、被災者の支援にかかわる宮城県栗原市の通大寺《つうだいじ》(曹洞宗)の金田諦應《かねたたいおう》住職は、「いる、いないは別にして見ているのは事実。みな、心の構えがないまま多くの人を亡くした。親族や仲間の死に納得できるまで、上を向けるようになるまで、宗教が辛抱強く相談に乗っていくしかない。多くの人が亡くなり、幽霊を見るのは当然。怖がらないでください」と話しています（二〇一八年一月一八日「産経新聞」のインターネット版「『お化けや幽霊見える』――心の傷深い被災者　宗教界が相談室――」）。

世の中には、自分の考えと違うと、相手のいうことを頭から否定したがる人がいます。中でも宗教にかかわるような領域では、それがかなり極端にあらわれることがあります。幽霊にまつわる話題も、まさにそうです。「幽霊なんて、絶対いない！」と、声高にいいたがる人も、けっこういます。

でも、さきほどから述べてきた「事実」は尊重する必要があります。そうでないと、相手の心を、深いところで傷つけてしまうかもしれません。少なくとも、「全部、気のせいよ」とか「幽霊なんて、いるはずがない！」と、やみくもに否定しない態度を、わたしたちは選ぶべきではないでしょうか。

10

幽霊が見える人と見えない人がいるのは、なぜ?

幽霊が見える人と見えない人がいるのは、本当です。これは、良いとか悪いとかの問題ではありません。才能といえば、才能といえなくもないのですが、持っていて得になる才能とは思えません。わたし自身は、幽霊が見えないほうが、見えるよりも、ずっと良いと思います。

大半の人は、幽霊なんて見えないほうが良いと考えているでしょうが、ときには幽霊を見てみたいと願っている人が、いないわけではありません。理由はさまざまあるようですが、自分は特別な存在だと思いたい人もいます。他の人とは違う、自分は偉いのだ、そう思いたいらしいのです。はっきりいって、こういう動機は最低です。

もし仮に、ほぼいつでも、幽霊が見えるとすれば、その人は、いわゆる霊能者のたぐいになります。しかし、わたしが知っている限り、霊能者のほとんどは幸せとはいえません。そもそも、霊能者になったきっかけの多くは、家庭的な不幸のようです。すべて恵まれていて、充実した満足できる日々を送っている人が、霊能を持つことはまずありません。

また、霊能者の多くは、見たいと思って、幽霊を見るのではありません。見たいとか、見たくないとかに関係なく、見えてしまうのです。つきまとわれる、と表現したほうがあっているかもしれません。

さらに、霊能者が人格的に優れているという保証は、どこにもありません。むしろ、逆のほうが多い気すらします。わたしは、霊能がその人の人格を食いつぶしていくというか、人格を摩滅させていくというか、どんどん悪くなっていった例を知っています。

人格だけではなく、健康を損ねてしまう例も少なくありません。「心身一如《しんしんいちにょ》」といって、心と身体は密接につながっていますから、当たり前の話です。

けっこう多いのが、心を病んでいる例です。ある種の精神疾患にかかると、幻覚や幻聴をもよおして、普通の人の目には見えないものが見えたり、耳には聞こえない音が聞こえたりします。

もちろん、中にはとても立派な方もいます。自分の霊能をうまく使って、人助けをしている例もあります。ただし、その場合でも、その方にかかる負担は、とてつもなく大きいのが通例です。自分の利益を考えないのはもとより、自己浄化のすべをちゃんと身につけていないと、それこそ大変なことになりかねません。相手の汚れというか、どろどろした要素というか、いずれにしてもまったく好ましくない何かを背負ってしまい、それらがたまりにたまって、最後には破滅への道を突き進んでいってしまいます。

以上の点に関連して、この際、いっておきたいことがあります。それは夢にまつわる話題です。

わたしのような、宗教にかかわる仕事を長年にわたってしていると、いろいろな相談をされます。ときどきあるのが、夢に関する相談です。もう少し具体的にいうと、「夢にとても興味があるので、『夢日記』をつけようと考えているのですが、どうでしょう」という相談です。

こういう相談に対して、わたしはいつも「おやめなさい」とこたえることにしています。理由は、「夢日記」なんて、つけないほうが無難だからです。夢にこだわりすぎると、ろくなことはありません。夢が、その人の心の奥深くにひそんでいる何かを語っている可能性は確かにあります。

でも、だからといって、そこに深入りするのは、かえって危険です。へたをすると、現実と夢の取り違えが起こります。夢はあくまで夢、そう割り切っておいたほうが、人生が充実します。

わたしは毎夜、夢を見ます。夢を見なかったことは、記憶にある限り、ないと思います。わたしの夢はすべてカラー版で、白黒の夢を見たことはありません。また、朝起きたとき、けっこう高い確率で見た夢を覚えています。もっとも、一晩に見る夢は複数だそうですが、覚えているのは一つか二つです。

楽しい夢も怖い夢もあります。でも、どちらにしても、内容を深く詮索はしません。自分が心の奥底あたりで、何をしたがっているのか、何を恐れているのか、全然考えないわけではありませんが、「ああ、そんなこともあるな」くらいにしておいて、特に気にはしません。

11

幽霊を見たら、どうすればいい？

心を病んでいるわけでもないのに、幽霊を見てしまう人には、特有の体質があるようです。自分がそういう体質を持っているかどうかを、あらかじめ知っておくと、万が一、幽霊を見かけたときに、パニック状態にならないですみます。見分け方は、わりに簡単です。金縛りになりやすい人です。金縛りとは、意識ははっきりしているのに、身体がまったく動かせない状態です。

医学の領域では、金縛りはレム睡眠と関係があると考えられています。睡眠には、脳は活動しているのに身体は眠っているレム睡眠と、脳も身体も眠っているノンレム睡眠があります。人は眠りにつくとき、最初にノンレム睡眠に入ります。二時間ほどすると、今度はレム睡眠に入り、その後はノンレム睡眠とレム睡眠が交互にあらわれます。レム睡眠の時間は二〇～三〇分と短いのですが、この間に夢をよく見ることもわかっています。

金縛りに遭う確率が高まる時間帯は、目が覚めそうで覚めないとき、いいかえれば夢とうつつの間にあるときのようです。この事実は、今ご紹介した学説と矛盾しません。

いずれにせよ、金縛りに遭いやすい人ほど、「変なもの」を見る確率も高い傾向が、確かにあります。金縛りの最中に、自分の身体の上に誰かが乗っていて、とても息苦しかった。振り払おうとしたが、身体がまったく動かなかった。その誰かはじつは幽霊だったのではなかったか、という話もときおり耳にします。

こういう現象も、医学的な見地からは、レム睡眠は呼吸を抑制しがちだとか、身体は眠っているので動かせない状態にある、と説明されます。幽霊うんぬんも、本当は夢のひとこまにすぎないと解釈されます。

すでに幾度も指摘しているとおり、これはあくまで医学的な見地からの所見です。この所見で、幽霊にまつわる出来事を、みな解明できるわけではありません。金縛りを体験したことがない人でも、幽霊を見ることはあります。でも、金縛りと幽霊体験の関係を、知っていて損はありません。

例外がないとはいいませんが、金縛りに遭いやすい人には、人並みはずれて敏感な例が多いようです。幽霊はそういう人のところに出やすい、もしくはそういう人こそ幽霊を見やすいということもまた、否めないようです。この点は、認識しておいてください。

どこまで本当の話かわかりませんが、幽霊やお化けがよく出ると噂される場所があります。金縛りに遭いやすい人は、そんな場所には、近づかないほうが無難です。とりわけ、寝覚めが良くないとか、睡眠不足などで、意識状態が低下しているときは、要注意です。

次に、本題の「幽霊を見たら、どうすればいい？」です。

昔から、妖怪のたぐいが、誰彼おかまいなしにあらわれるのに対し、幽霊は生前なんらかのかかわりがあった人にしかあらわれないと伝えられてきました。この言い伝えを信じるとすれば、その幽霊は生前あなたとかかわりがあったということになります。事実、東日本大震災の後にあらわれた幽霊は、このタイプが多いようです。

そういうときは、敬意をしめすことです。丁寧に接してください。まかり間違っても、攻撃的な態度をとったり、バカにするような態度をしめしてはなりません。

しかし、ときには、生前なんのかかわりもなかったにもかかわらず、あらわれる幽霊もいるようです。そんなタイプの幽霊は、いわゆる地縛霊の可能性があります。ということは、今あなたがいる場所に問題があるはずですから、その場から遠ざかることをおすすめします。その際、後ろも見ずに、大慌てで逃げ出してはいけません。恐怖感がいよいよつのって、パニック状態に陥らないとも限らないからです。落ち着いて、ゆっくりその場からたちのいてください。

体調が悪いときや、体力が落ちているときに、ふだんなら見えないものが見えてしまう傾向があります。身体の力が弱ると、精神の力も弱くなります。常日頃から、体調を整えておくことが、嫌な体験を避けるうえで、絶対に欠かせません。

生きている人間同士の関係でもいえることですが、幽霊との関係ではさらに距離感が大切です。たとえ、生前なんらかのかかわりがあったとしても、幽霊に対しては、拒まず、近づきすぎずというのが、基本的な態度です。

わたしはけっこう敏感なタイプのようで、はっきり幽霊と認識できた経験はまだありませんが、目の端に、何か得体の知れないものが見えたような気がすることはあります。しかし、気にはしません。むしろ、錯覚か錯視と受けとるようにしています。

それでも不安が残るときは、聖なる呪文を唱えるのも、良いと思います。「南《な》無《む》阿《あ》弥《み》陀《だ》仏《ぶつ》」と唱える念仏、「南《な》無《む》妙《みょう》法《ほう》蓮《れん》華《げ》経《きょう》」と唱える題目は、昔から大きな効能があると信じられてきました。

真言密教のお坊さんたちがよく唱える「光明真言《こうみょうしんごん》（おん　あぼきゃ　べいろしゃなう　まかぼだら　まに　はんどま　じんばら　はらばりたや　うん）」は、死者の霊魂に霊的なパワーをあたえて、成仏《じょうぶつ》させる絶大な力があるといわれてきました。ちょっと長めですが、覚えておくと、自分自身の心身を落ち着かせるうえでも、効能が抜群です。

12 あの世って、どんなところ?

アニメ映画『千と千尋の神隠し』の最後に近いシーンで、千尋は坊ネズミとハエドリと一緒に、水面の上にわずかに顔を出しているプラットホームで、電車がくるのを待っています。やがて、二両編成の電車が、ゴトンゴトンと音を立てて、やってきます。

さて、ここで、問題です。電車の正面の行き先表示板に、何と書いてあったでしょうか? 覚えていますか?

こたえは、「中道」です。

では、なぜ、電車の行き先が「中道」なのでしょうか?

わたしは、こう考えています。この場合の「中」は、二つの異なる領域や世界を結ぶという意味なのです。日本の歴史では、神様と人間界の「中」を結んで、神様の言葉を「宣《の》」る役割の人が、とても重要な地位を占めてきたからです。

その典型例は、古代史に登場する「中臣《なかとみ》」氏です。個人名でいえば、大化改新で大活躍した中臣鎌足《かまたり》、のちの藤原鎌足が有名です。「中臣」とは、神様と人間界の「中」を結ぶ「臣《おみ》」という意味です。この言葉がしめすとおり、神事や祭祀をつかさどる豪族でした。木曽節という民謡の歌詞に出てくる「なかのりさん」も、たぶん同じです。ようするに、神様と人間界は、まったく異なる領域もしくは世界です。その間を、結ぶ行為が、「中」なのです。

この考え方を、電車の行き先の「中道」にあてはめれば、この電車は、二つの異なる領域もしくは世界を結ぶ乗り物、という結論にいきつきます。

このアニメ全体を整理すると、千尋は、現実の世界から、湯屋という他界へと旅し、さらに、今度は、湯屋という他界から、もう一つ別の他界へと、旅立っていくのです。図式にすれば、「現実」→「他界①」→「他界②」という構造になっています。

問題は、「他界②」が、いったいどんなところか？　です。こたえは、電車が通過する風景を見ると、わかってきます。

電車は、大海原の中を走っていきます。窓にうつるのは、たとえようもなく、静かで、美しい風景です。この場面を見るたびに、わたしは、かつて訪れたヒマラヤ山脈の奥深い村を、思い出します。そこは、この世のものとは思えないほど、澄みきった風景の場所でした。あまりに美しすぎて、生命感すら、感じとれないところでした。

そういえば、乗客たちの様子も、かなり変です。みんな、服はちゃんと着ていますが、そうとうに古めかしいかっこうです。肝心の身体も、半透明の黒い影みたいな感じで、表情がまったくありません。

半透明の黒い影みたいな乗客たちは、電車が駅に止まるたびに、少しずつおりていきます。沼原という駅のプラットホームにも、半透明の黒い影の少女の姿がありました。

もうお気づきと思いますが、電車の乗客たちは、過去の人々なのでしょう。いいかえれば、死者たちなのかもしれません。

わたしがそう考えるのは、乗客たちの姿形からだけでは、ありません。電車に乗って、どこか別の領域もしくは世界へと旅立っていくという設定そのものが、宮沢賢治の『銀河鉄道の夜』の影響を強く受けているのではないか？　という思いからも、そう考えるのです。

『銀河鉄道の夜』は、ご存じのとおり、孤独な少年ジョバンニが、友人のカムパネルラと、銀河鉄道と名づけられた軽便鉄道に乗って、銀河めぐりをするという物語です。ジョバンニは、軽便鉄道の中で、あるいは停車駅とその周辺で、カムパネルラの他にも、いくにんかの人と出会います。

プリオシン海岸というところで、化石をほりだしていた大学士と助手たち。雁《かり》や鷺《さぎ》などの鳥をとらえ、押し葉にして、食用に売る商売をしている鳥捕り。灯台のあかりを、規則どおりに、つけたり消したりするのが仕事の灯台看守。乗っていた船が、氷山に衝突して沈んでしまった、かおるとタダシの姉弟、そしてその家庭教師だった黒い洋服の青年などです。

このうち、カムパネルラ、かおるとタダシの姉弟、そしてその家庭教師だった青年は、あきらかに死者です。つまり、主人公のジョバンニは、死者たちと、同じ鉄道に乗りあわせて、旅をしているのです。

この設定は、千尋たちが乗った電車でも同じではないのか？　とわたしは思います。そうでなければ、電車の乗客たちを、半透明の黒い影として、わざわざ表現する必要はないはずです。

これらのことを、あわせて考えると、千尋の乗った電車は、死後の世界へと向かっていると思わざるをえなくなります。いささか先走れば、千尋たちの目的地である六つ目の駅は、「六道輪廻《ろくどうりんね》」（195ページ参照）とかかわりがあるはずです。ここでは、もう一度死からよみがえった生の世界として、設定されているようにも見えます。

でも、そこに至る間は、死後の世界としか、思えないのです。窓にうつる、たとえようもなく、静かで、美しい風景も、それが死後の世界の描写なのだ、と考えれば、納得がいきます。

13 いつか永遠の生命も現実になる？

世界中のどんな宗教も、永遠の生命は想定してきませんでした。

仏教では「生者必滅《しょうじゃひつめつ》」といいます。生まれてきたものは、必ず死ぬという意味です。これは、古今東西、永遠の真理です。

キリスト教では、最後の審判を経て、天国にいけた人は永遠の生命を保つといいますが、最後の審判は、いったん死んで、復活してからでないと受けられません。したがって、この世の生命が永遠に続くわけではありません。

仏教の浄土も似たようなものです。浄土に往生できれば、永遠もしくは永遠に近い生命が保証されるようですが、この場合も、いったん死なないといけません。

いささか余談めきますが、わたしなどは、天国や浄土がいくら良いところでも、長くいれば、やはり飽きてしまうのではないか、と心配です。いかない先から、しかもいけるかいけないかわからない先から、心配しても仕方ないのですが、気がもめます。

この件を、専門の先生にたずねたところ、天国や浄土には、わたしたちが日常的に体験しているような時間がないので、飽きることはないと教えられました。瞬間の中に永遠があるのだそうです。もっとも、これはあくまで想像上の話なので、正しいかどうか、保証の限りではありません。

人類の歴史をふりかえってみると、最近は寿命が大幅に延びています。たとえば、鎌倉時代の中後期、現在の鎌倉市付近に暮らしていた人々のうち、七歳以上生きた人々の平均死亡年齢は二四歳くらいにすぎませんでした。現在は平均寿命が男性が約八一歳、女性が約八七歳ですから、三倍以上に延びています。もちろん、少し前までは乳幼児の死亡率がたいへん高く、平均寿命を縮めていたのですが、それを考慮しても、最近の寿命の延びは目立ちます。

その背景には、科学の進歩があります。とりわけ生命科学の進歩は、驚異的です。ごく近い将来、日本で開発されたｉＰＳ細胞が実用化されれば、病気や老化のせいで機能を失った臓器を、文字どおり取っ替え引っ替えできる時代がくるかもしれません。そうなると、平均寿命はさらに延びるはずです。

仮にそうなっても、人はいつか死にます。永遠に生き続けることは、不可能です。

ところが、生身の身体が永遠に生き続けることは無理でも、脳の中にある情報をすべてコンピュータか情報媒体の中に移し、ロボットかアンドロイドを起動させて、永遠に生き続けることができるのではないか、と主張する科学者が出てきました。

「死にたくない！」という思いが、人間の切実な願望であることを考えると、この種の技術開発がその受け皿になる可能性は十分にあります。わたしにはそこまでして生き続けることの意味がわからないのですが、技術的に不可能ではないそうです。

考えてみれば、仏教をはじめ、インド型の宗教が「輪廻転生《りんねてんしょう》」を想定してきたことも、キリスト教が天国における永遠の生命を想定してきたことも、生命の限りない延長戦といえなくはありません。それが今、先端技術によって、現実になりつつあるようです。

むろん、ロボットかアンドロイドの中で、情報として生き続けることができるのは、権力や富の持ち主に限られるに決まっています。そうなると、生命の長さに極端な格差が生まれることになります。せいぜい数十年くらいで死んでいく人が大半を占めるいっぽうで、いつまでも生き続ける人が少数でもいる世界。想像するだけで、おぞましい気がしてなりません。

19

死んだ人が生き返る？

先日、ある研究会で、衝撃的な報告を受けました。小学生の10％以上が、人は死んでも生き返ると本気で考えているというのです。しかも、この傾向は日本のどこでも見られるというのです。

死んだ人は生き返らない。これは大前提です。ところが、その前提が崩れはじめているのかもしれません。

小学生の10％以上が、人は死んでも生き返ると本気で考えている原因は、どうやらゲームにありそうです。ゲームなら、死んでも、リセットさえすれば、何度でも生き返れます。そういう死生観に飼い慣らされてしまっている子どもたちが、少なからずいるということです。

ゲームの功罪については、これまでもいろいろ論じられてきました。目に悪影響があるからはじまって、依存性の指摘、長時間のゲームプレイが子どもの脳の発達や言語能力に悪影響をおよぼす危険性など、論点は多岐にわたります。しかし、死生観にまで深刻な影響をあたえているとまでは、思いませんでした。

宗教の歴史を見ても、死んだ人を生き返らせることは、すこぶる重大な課題でした。ここまで述べてきたとおり、大概の場合は、死後における永遠の獲得がメイン・テーマですが、中には死んだ人が生き返ったという例もあります。

その最大の例が、イエス・キリストです。イエスは処刑された三日後、よみがえったと伝えられます。いわゆる「復活」です。そして、この「復活」こそ、キリスト教の原点の中の原点であり、もし仮に「復活」が事実と認定されなければ、キリスト教は成り立たなかったといえます。

また、イエス自身も、その生前、死んだ人を生き返らせています。『新約聖書』の『ヨハネによる福音書』第11章に書かれている「ラザロのよみがえり」です。友人のラザロが病気と聞いて、ベタニアにやってきたイエスと一行は、ラザロが死に、葬られてすでに四日が経っていることを知ります。イエスは、ラザロの死を悲しみ、涙を流しました。そののち、イエスがラザロが葬られている墓の前に立ち、「ラザロ、出て来なさい」というと、死んだはずのラザロが布にまかれて出て来たという話です。

この話を耳にした宗教指導者たちは、イエスの力が尋常ではなく、自分たちを脅かしかねないと判断して、殺害を計画しはじめたと伝えられます。それくらい、この出来事は、イエスの生涯の中でも際立って重要です。

誰がどう考えても、死んだ人が生き返るということは、起こるはずがない出来事です。イエスはさまざまな奇跡を起こしていますが、この出来事は他の奇跡とは比べものにならないくらい、飛び抜けた奇跡です。その結果、イエスが神、もしくは神の子であることの証拠と受けとられたのです。

話を元に戻します。小学生の10%以上が、人は死んでも生き返ると本気で考えているのは、彼らが自分こそ生死の支配者だと思い込んでいる証拠かもしれません。確かに、ゲームの中では、彼らこそ絶対の支配者です。ゲームに登場する者たちの生死をにぎっています。

もし、そんな認識が、日常生活にも拡げられたとしたら、これは非常に厄介です。

死んだ人はけっして生き返らないということを、子どもたちに教える最高のすべは、動物を飼うことだと思います。現代のように、家族形態が縮小している状況では、肉親の死に遭遇する機会は稀になっています。それを思えば、死を見つめさせるすべは、動物を飼って、死ぬまで面倒を見させること以外に、なかなかないからです。

15 クローンは危うい生命？

一九九〇年代後半のテレビアニメといえば、何といっても『新世紀エヴァンゲリオン』に尽きます。その影響力は、現在も衰えていません。それどころか、劇場版の新作がいくつも作られています。

『新世紀エヴァンゲリオン』の筋書きは、簡単にいえば、こうです。

いきづまりつつある人類を、根本から変容させるために、「人類補完計画」なるものが発動されます。すると、どこからともなく、使徒と呼ばれる存在が次々と襲来します。そして、「汎用人型決戦兵器」であるエヴァに未来を託す人類との間で、激烈な戦闘が展開されるのです。

「人類補完計画」は、全人類をすべて液状化させ、一体化させるという、とんでもない計画です。考えてみれば、全人類をすべて液状化させ、一体化させるということは、全人類を抹殺するのとほとんど同じ意味になりかねません。

荒唐無稽といえば、まったく荒唐無稽の極みともいえます。しかし、このとんでもない筋書きだからこそ、表現できたこともあります。このへんは、リアルな物語が、必ずしもリアルな現実を表現できず、むしろ荒唐無稽なファンタジーのほうが、リアルな現実を表現できることもあるという、表現に特有の性質がかかわっています。

なぜ、全人類をすべて液状化させ、一体化させるのか。その理由は、人類は、個体でありながら、群れをなし、互いに争い、妬《ねた》み、傷つきあい、結果的に自らを滅ぼそうとする非常に脆弱な生き物と認識されているからです。

そんな人類を救うためには、人類から個体であることを捨てさせ、一体化させるしかない。もし仮に、人類が一体化できれば、そこにはもはや争いもなければ、いさかいもなく、真の意味で魂がやすらぐ世界が生まれるはずだ、と考える人々がいて、その計画を実行したという設定です。

この計画を達成するためには、いくつかの条件や要素が必要とされました。エヴァのヒロインのひとり、綾波《あやなみ》レイという一四歳の美少女は、その中でももっとも重要な役割を担っています。

色白で、青い髪と赤い瞳にスレンダーな体型。口数が極端に少なく、表情をあらわにすることもありません。でも、不思議な魅力を秘めていて、アニメ史上、最強の美少女キャラともいわれます。

レイはクローンです。つまり、誰かと同じ遺伝子を持つ複数の個体の一つです。いいかえれば、レイはたくさん存在します。そして、エヴァ零号機を駆って、強大な敵と戦い、打倒していきます。

しかも、レイは死にません。いや、死んでも何回でもよみがえってきます。実際には、レイのクローンが次から次へとあらわれるのですが、事情を知らない者の目には、死なないように見えます。

クローンは、「遺伝的に同一である個体や細胞（の集合）」を指す生物学の用語です。一九九六年七月にイギリスで、ドリーと名づけられたクローン羊が誕生したのが、最初の実例です。一九九八年七月には、日本でも二頭のクローン牛が誕生しました。

クローンが注目を集めてきた理由は、羊や牛の体細胞からクローンを生みだすことができれば、同じ哺乳類であるヒトにクローン技術を適用できるはずだからです。つまり、男女両性のかかわりなしに、子どもを生みだすことが可能になります。

したがって、クローンは、人類の歴史に大きな影響をあたえるかもしれません。生殖における男女両性の存在意義、人間の尊厳、家族観が、大きく変わる可能性があるからです。

この技術を使えば、自分とまったく同じ遺伝情報を持つ存在、すなわち分身をいくらでも作れます。もちろん、人間はまったく同じ遺伝情報を持っていても、成育の過程では環境の影響をまぬがれないので、クローンが自分自身とはいえません。しかし、自分の遺伝情報だけでなく、配偶者の遺伝情報も入っている自分の子ども以上に、自分そっくりの存在をほしがる人があらわれるかもしれません。

また、知能や運動能力の面で特に優秀な遺伝情報を持つ子どもを、文字どおり大量生産することもできます。競争や戦争にはまことに有利ですから、自分の国や組織の繁栄を願う権力者なら、やりかねません。

ただし、クローンゆえの欠陥もあります。みんな同じ遺伝組成を持っているので、特定の病気にかかりやすく、環境変化にも弱いのです。状況によっては、全滅してしまう可能性も否めません。生物にとって、もっとも重要な性質の一つである多様性とは、対極にあるといえます。

ちなみに、日本の桜の大半を占めるソメイヨシノは、クローンです。種子では繁殖できず、全国に植えられているソメイヨシノは、すべて接ぎ木によるものです。すべてのソメイヨシノが、いっせいに咲き、いっせいに花を散らすのは、クローンだからです。

16 たたりって、あるのでしょうか？

たたりが本当にあるかどうか。昔の人は、たたりが本当にあると信じて疑いませんでした。日本で仏教が広まった理由も、本来の目的とされる悟りとか解脱《げだつ》とかではなく、たたり封じが中心だった時代がありました。ちゃんと成仏して、極楽浄土へ往生してもらわないと、たたると考えられていたからです。

特に問題だったのは「怨霊《おんりょう》」です。普通のたたりは、その人を生前、いじめたとか、意図的に死に追い込んだ人だけが対象です。しかし、「怨霊」は、その人と生前、かかわりがあろうがなかろうが、まったく関係なく、すべての人にたたると見なされていました。

時代でいうと、奈良時代の中頃から室町時代の後期くらいまで、「怨霊」が暴れまわりました。日本仏教の基礎を築いた空海や最澄も、「怨霊」対策で評価されたおかげで、活躍の場を得られたのです。

京都の嵐山に、天龍寺という臨済宗の大きな寺院があります。修学旅行の定番ですから、訪れた人もたくさんいることでしょう。

創建されたのは、南北朝時代です。じつはこのお寺は、足利尊氏・直義《ただよし》の兄弟と戦って、非業《ひごう》の死を遂げた後醍醐《ごだいご》天皇の霊魂をしずめるために、建てられました。そして、一六世紀の初め頃まで、室町幕府は公費を使って、「怨霊」をなぐさめる儀式を営み続けました。それくらい、「怨霊」を恐れていたのです。

もっとも、「怨霊」には、そうとう大きな権力の持ち主でないとなれません。普通の人では無理です。それに、今も述べたとおり、一六世紀の初め頃で、「怨霊」は姿を消したようですから、現在は心配しなくても良いはずです。

となると、話は最初に戻って、今もたたりは本当にあるかどうか、です。この問いも、論証のしようのない典型例です。理性や知性では「ない」と判断できても、情念がからむと「ない」といいきれない人がいると思います。

中には、誰かをとことん憎んでいて、でも現実には何の力もない自分をかえりみて、それこそ「死んだらたたってやる」と誓っている人がいるかもしれません。そういう意味では、たたりは弱者がとりうる最終手段といえなくもありません。

また、たたりは本当にあるという認識が共有されている集団の内部では、たたりは実現する可能性があります。不幸な出来事が起こり、その原因が不明な場合、「たたりのせいだ!」と考える人が出ても、不思議ではないからです。

自分がたたりに遭わないためには、人の恨みつらみを買わないことに尽きます。あまりにも常識的すぎて申し訳ありませんが、これしかありません。

ただし、世の中には、理不尽な考え方をする人もいます。こちらが何も悪いことをしていないのに、一方的に恨まれる場合もなきにしもあらず、です。本当は自分に責任があるのに、それをけっして認めようとせず、他人にすべて転嫁したあげく、誰かを恨むのです。

そんなタイプの人とは、お付き合いしないのが良いに決まっていますが、ときには諸般の事情から、お付き合いせざるをえないこともあります。距離感に注意して、近づきすぎないように用心してください。

厄介な話ですが、恨みつらみの感情を抱きやすいタイプの人は、ちょっと見には、とても親切だったりします。ところが、相手がその親切に十分にこたえていないと認識すると、とたんに恨みつらみの感情を抱く傾向があります。ぜひ、気をつけてください。

最後にひとこといっておきます。いちばん肝心なことは、自分が誰かに恨みつらみの感情を抱かないことです。自分が「たたり神」になってしまっては、最悪です。

II

誰かの死

17

親しい人や家族を亡くして悲しいのは、どう癒せばいい？

親しい友だちや家族を亡くして、悲しいのは、人として、まっとうな証拠です。悲しいときは、悲しむ他に、とるべき道はないと思います。へたに悲しみをこらえたりすると、かえって悲しみがいつまでも続いて、収拾がつかなくなるかもしれません。

天国や極楽浄土は、喜びだけがあって、悲しみはないという話ですが、本当のところはいってみないとわかりません。どのみち、人は生きている限り、悲しみと縁が切れません。

そういえば、フォークグループの赤い鳥が発表し、今や国民的な合唱曲にもなっている「翼をください」を聞くたびに、とてもきれいなメロディーに感動すると同時に、何か違和感も抱かざるをえませんでした。何が原因か、を考えていくうちに、歌詞のある部分に原因がひそんでいることに気づきました。

その歌詞のある部分とは、「悲しみのない自由な空へ　翼はためかせ　行きたい」です。この中の「悲しみのない」という言葉に引っかかったのです。

「悲しみのない」ところなんて、あるのでしょうか。もし、あるとすれば、そこは「喜びのない」ところに違いありません。

理由は簡単です。「悲しみ」と「喜び」は表裏一体だからです。悲しみがあるから、喜びがあり、喜びがあるから、悲しみがある。これが真実です。ですから、「悲しみのない」ところは、じつは「喜びのない」ところなのです。

したがって、「悲しみ」をきれいさっぱり取り去ってしまうと、「喜び」もきれいさっぱり消え去ってしまいます。そこには何も残りません。「空虚」といってもかまいません。

ちなみに、仏教の開祖、ブッダが到達した悟りは、喜びも悲しみもない境地とされます。なにしろ、究極の境地を意味する「涅槃《ねはん》（ニルヴァーナ）」とは、「火の消えた状態」を指しているのですから。

しかし、そういう境地に達したからといって、ブッダ自身が悲しみと縁が切れたかどうか、疑問です。なぜなら、愛弟子のサーリプッタが亡くなったとき、ブッダはサーリプッタの遺骨を手のひらにのせて、故人を偲《しの》んだという伝承があるからです。このとき、ブッダは「こういう事態に遭遇しても、指導者というものはうろたえてはならない」と訓示したと伝えられますが、いささか強がりっぽい感じがします。本音はやはり悲しかったのでしょう。

日本にも、こんな話があります。江戸時代の中期、日本の臨済禅を復興した大禅僧がいました。白隠慧鶴《はくいんえかく》(一六八六〜一七六九)です。

その弟子に、おさつさんというおばあさんがいました。在家の人でしたが、禅の修行を積んで、師の白隠慧鶴から、悟ったという証明書をもらうほどの人でした。

あるとき、おさつさんの孫娘がかわいそうに、まだ若いみそらで亡くなってしまいました。その葬儀のとき、おさつさんは悲しくて悲しくて、棺桶の前で、わんわん泣きました。

その様子を見たあるお坊さんが、「あなたのように悟りを開かれた人が、そんと、おさつさんは「馬鹿をいうでない、なに泣くのはおかしい」と文句をいいました。すると、おさつさんは「馬鹿をいえ、あんたたちにお経を百万遍読んでもらうよりも、わたしの涙のほうがよっぽど孫娘の供養になるわい」とこたえたそうです。

おさつさんにいわせると、亡くなった人のために、たくさん悲しむことも、立派な供養になるようです。つまり、悲しむことに深い意味があるというのです。ほっとする話です。

その反対に、死んでも、誰も悲しんでくれないのは、惨めです。死んでしまえば、何もわからなくなってしまうのだから、関係ないといいはる人もいます。でも、自分が死にそうになったとき、このぶんだと、自分が死んでも、誰も悲しんでくれないな、と思うだけでも、惨めな気分になるに決まっています。そうならないためには、まだ元気なうちに何をすべきか。わたしたちはよく考えて、行動しておくべきでしょう。

さて、悲しみに対する現実的な処法を考えてみましょう。

日本の葬儀を研究したアメリカ人の研究者が、とても興味深いことを指摘しています。葬儀を昔からの伝統どおりにきちんと営んだほうが、残された人々の立ち直りが早いというのです。

理由は、お通夜からはじまる一連の儀式が、おのずから悲しみを癒す「グリーフケア」になっているからだそうです。儀式に集中することで、あれこれ思いわずらう時間がなくなることも、悲しみから立ち直るのに、効果があるそうです。また、儀式を型どおりに進めることで、「けじめ」がつくことも、無視できない効能になるといいます。

確かに、お葬式には段取りがいろいろあって、複雑で、面倒臭くて、しかもとても忙しい。しかし、その複雑さ、面倒臭さ、忙しさにも、意味があります。そういう意味で、日本のお葬式は非常によくできたグリーフケアのシステムになっているのです。

18 家族を亡くした人にしてあげられることは？

お付き合いの長さや深さによって、対応は異なります。また、人は千差万別です。とことん慰めてくれることを願う人もあれば、ほっといてほしい人もいます。

家族を亡くした悲しみを消し去ってくれるのは、時間しかありません。その時間も、長短さまざまです。悲しみが、わりあい短時間で消える場合もあれば、何年経ってもなかなか消えない場合もあります。とりわけ、お子さんを亡くした親御さんの場合、その悲しみが生涯にわたって続くことも稀ではないようです。

いずれにしても、近づきすぎるのは、良い結果を生みません。俗にいう、「親しき仲にも礼儀あり」です。頼まれもしないのに、こちらから近づいていくのは最悪です。

そっと見守るというのが、原則です。もし、何かを頼まれたら、無理のない範囲で、こたえてあげてください。どう考えても無理なら、遠回しに断るのが無難です。けっして無理をしてはいけません。

なにしろ、家族を亡くしたのですから、感情が高ぶっていることもあります。「冷たいね」と嫌な顔をされるかもしれませんが、時間が経って、落ちつきを取り戻せば、そのときのあなたの対応を、きっとわかってくれるでしょう。

こういう難しい状況のとき、トラブルを招きかねないタイプの人がいます。いわゆる「困った人」です。

大学のゼミや講座などで、学生たちを中心に、いろいろな人と接していて、「これはまずいな!」と感じることがあります。「自分は他人の心がよくわかる」と思っている人物に、ときどき出会うのです。これが「困った人」の典型的なタイプです。

でも、そういう人物に限って、他人の心がまったくわかっていないのが通例です。そして、相手にずかずか近づいていって、結局、相手の心をずたずたにしてしまいます。それなのに、当の本人は、相手の心をずたずたにしてしまったことに、まったく気づかないのです。善意だからといって、許されるものではありません。

他人の心の中を知ることは、簡単ではありません。むしろ、難問中の難問と考えるべきです。

なにしろ、人は自分の心でさえ、ありのままに知ることがなかなかできないのです。それを思えば、他人の心の中を知るなんて、そう簡単にできるはずがありません。

ところが、こんな自明なことすらわかっていない「困った人」が、年齢や学歴を問わず、けっこういます。

ついでといっては語弊がありますが、もう一つ、お話ししておきたい「困ったこと」があります。それは、「心の闇」という「困った言葉」です。

この言葉は、マスコミやジャーナリズム、あるいは識者と称する方々がよく使います。何か問題を起こした人の「心の闇」を解明しなければならないという主張も、テレビや新聞でよく見かけます。

わたしは、この「心の闇」という言葉が大嫌いです。なぜなら、「心は闇」だからです。心のどこかに闇の部分があるのではなく、心そのものが闇なのです。別の表現をするなら、心全体が闇におおわれているのです。

わたしが専門としてきた仏教では、今から二四五〇年ほど前にこの世にあらわれて、仏教の開祖となったブッダ以来ずっと、「心とは何か」という問いを追求し続けてきました。弘法大師こと空海が、もっともあがめた『大日経《だいにちきょう》』という経典には、「心をありのままに知ることこそ、悟りである」と説かれているほどです。

二四〇〇年以上にもおよぶ仏教の歴史で、本当に悟った人は、ブッダの他は、残念ながら、ほとんどいないようです。それくらい、「心をありのままに知ること」は難しいのです。まして、他人の「心をありのままに知ること」なんて、とうていできそうにありません。

もし、家族を亡くした人と接することがあったら、このことをぜひ思い出してください。それから、自分に何ができるか、じっくり考えて、行動してください。

19

あの人が死んで、わたしは生きている…いいのかな？

「サバイバーズ・ギルト（Survivor's guilt）」を知っていますか。普通なら生命《いのち》を失っても全然おかしくない状況から、奇跡的に生還を遂げた人が、周りの人々が死んでしまったのに、自分が助かったことに対して抱く罪悪感のことです。

この「サバイバーズ・ギルト」ほど深刻な状況にさらされなくても、親しい人が死んでしまったのに、自分がまだ生きていることに罪悪感を抱く場合がありま す。いわゆる「生きてて、ごめんなさい」という感情です。「わたしも一緒に死ねば良かったのに！」とか「あの人の代わりに、わたしが死ねば良かったのに！」とまで、思い込んでしまう場合もあります。

大概は、時間の経過とともに、この種の感情も薄れていきますが、中にはなかなか抜け出せない人もいます。特に思春期だと、この時期に特有のあふれんばかりの感受性とあいまって、その傾向が強いようです。

そういうとき、どうすれば良いのか、考えてみましょう。

まず最初に考えるべきことは、人間はこの世に生まれた瞬間から、誰かとの関係を持っているという事実です。生まれたばかりの頃は、お母さんとの関係がほとんどすべてです。次に、お父さんとの関係が生まれます。さらに、兄弟姉妹がいれば、その人たちとの関係も生まれます。そして、成長が進むと、血のつながらない人々との関係も生まれてきます。

このように、人は生きている限り、自分以外の人たちと多くの関係を持っています。正確にいえば、自分以外の人たちと多くの関係を持たざるをえないのです。

ようするに、わたしたちは、自分だけでは、成り立ちません。自分以外の人たちとの関係が絶対に欠かせないのです。

いいかえると、わたしはわたし以外の人たちから影響を受けると同時に、わたし以外の人たちもわたしの影響を受けてしまうということです。わたしたちの生命は、けっして孤立しているわけではありません。互いにまじわり、連鎖しているのです。

　このあたりの事情について、ブッダは、わたしたち人間を含むこの世のありとあらゆる存在について、二つの葦《あし》の束が互いに支え合って、やっと立っているようなものだ、と説いています。つまり、どちらか一つがなくなれば、他の一つも立っていることはできないというのです。

　この教えにしたがうならば、もし仮に、あなたという存在がふいに消えてしまうと、あなたと関係のあった人たちに、多大な悪影響がおよんでしまうことになります。もう少し具体的にいうと、あなたが死を選べば、今度はあなたと関係のあった人たちの中から、「生きてて、ごめんなさい」とか「わたしも一緒に死ねば良かったのに！」とか「あの人の代わりに、わたしが死ねば良かったのに！」と思う人が出てくる可能性があります。

　そうなると、まさに負の連鎖です。あなたは、その責任をとれますか。

　仏教では「生者必滅《しょうじゃひつめつ》」といいます。ひとたびこの世に生まれ出《い》でたものは、必ず死ぬのです。例外はまったくありません。わたし自身も、わたし以外の人たちも、寿命が長いか短いかはさておき、いつかは死にます。これ以上、確実な事実はありません。

それを肝に銘じておくと、親しい人の死にも、多少なりとも耐えられるのではないでしょうか。わたしたちもいつかは死ぬのですから、先に死んだ人に、それまで待っていてください、と頼む手もあります。

20

友だちに「死にたい」っていわれたけれど…？

「死にたい！」といっている人のうち、本当に死にたい人の割合は、自殺願望を持つ人たちと長年かかわってきた専門家にきくと、ごく少ないようです。これは、老若男女を問いません。

ただし、少ないながらも、本当に死にたい人がいることも、争えない事実です。ですから、どうせ口先だけだろう、他人の気を引きたいだけに決まっているなどと、たかをくくってはなりません。そして、本当に死にたいと思っている人を引き留めることは、とても難しいことも事実です。

精神医学の立場からは、本当に死にたいと思っていて、実際に自殺（自死）する人のほとんどが、「うつ」状態にあるという指摘があります。高齢者の自殺がとても多かった地域で、「うつ」対策を実施したところ、自殺者の数が劇的に減ったという報告もあります。

また、リストカットを繰り返す人は、そういう行為によって、生きている実感を確かめるのが本当の目的なので、自殺には至らないと考えている人がけっこういます。でも、これはまったくの俗説にすぎません。自殺に至ってしまうケースが少なからずあります。

現実問題として、「死にたい!」といっている人の精神状態は、文字どおり千差万別です。当然ながら、対処の仕方もケース・バイ・ケースです。マニュアル化はできません。

ですから、この件を論じていると、きりがありません。そこで、ここでは、この本を読んでいる方が、わりあい若い方という前提で、「友だちに『死にたい』っていわれた。どうすればいい?」という問いについて、ぜひ知っておいてほしいことをお話しします。

正直いって、こんな相談を持ちかけられても、人生経験がわずかしかない人がこたえるのは無理です。わたしの知人に、人生経験が豊富で、しかも自分自身もかつて自殺を考えて、でもそこから立ち直ったという貴重な経験を糧《かて》に、自殺願望を持つ人たちと、長年にわたってかかわってきた方がいます。その方でも、荷が重いとおっしゃいます。本気で取り組んだら、それこそ寝る時間もなくなるかもしれません。

万が一、相談してきた相手が本当に自殺してしまうと、受ける心の傷は尋常ではすみません。その傷を癒して、立ち直るにはそうとう長い時間が必要になります。ときには立ち直れず、その人自身が死を考えるようにならないとも限りません。

したがって、冷たいことをいうようですが、相手との距離感を保つことが大切です。べったりくっついてはいけないのです。あなたにできることは限られますが、それで良いのです。

もし、相手にアドバイスすることがあるとすれば、次のことくらいです。

「死にたい!」といってくる人には、共通する点があります。それは生活のリズムが整っていないのです。起きる時間、寝る時間、食べる時間、トイレにいく時間、そういうことが一定していません。また、食生活がすこぶる貧弱です。スナック菓子など、いわゆるジャンクフードばかり食べていて、食生活が乱れている傾向があります。

そこで、あなたは、「生活のリズムを整えること。ちゃんとした食事をとること」をアドバイスしてください。いうことをきいてくれる可能性は、残念ながら、あまりありませんが、自分のことを親身になって心配してくれる人がいることくらいは、伝わるはずです。現状で、あなたにできることは、ここまでです。

もし、それ以上のことをしたいなら、精神医学や心理学を学び、専門家になってからにしてください。

最後に、もうひとこと。ごくごく稀なケースですが、自殺の口実を見つけるために、近づいてくる人もいます。最初は軽い相談からはじまって、そのうちにだんだん深刻な話になっていきます。頻繁に連絡をとることを求めるようになり、その求めに応じられないと、極端な行動に走りはじめます。こうなると、あなたの生活も都合も、まったく関係なくなります。そして、最後は、「わたしを裏切った」などといって、自殺に至ることもないではありません。

こういうタイプの人は、心を病んでいたり、特殊な人格の持ち主が多いと聞きます。しかし、精神医学の専門家でもなく、人生経験も少ない若い方に、それを見抜けといっても無理な話ですが、手がかりが全然ないわけではありません。このタイプの人は、不思議なことに、外見や才能の面で、魅力的なことが多いのです。そういう人が、特別な理由もなく近づいてきて、死にまつわる相談を持ちかけてきたら、用心したほうが賢明です。この点は、よく覚えておいてください。

21

自殺は悪いこと？ 生命は誰のもの？

現代の日本社会では、自殺は悪いことと見なされています。この場合、「現代の」というところがみそです。というのは、少し歴史をさかのぼると、自殺がつねに悪いことと見なされていたわけではないからです。

たとえば、武士が時代の支配者だった頃は、切腹をはじめ、自殺的な行為はむしろ立派な責任の取り方として、高く評価されることもありました。さまざまな事情ゆえに、この世では添い遂げられない男女が一緒に自殺する「心中」は、近松門左衛門などが文学作品に仕立て上げ、多くの人々の共感を得てきました。

近代化以降でも、有島武郎と波多野秋子、太宰治と山崎富栄などの「心中」は、一方が売れっ子の作家だったという事情もあって、大きな話題になりました。

じつは現代でも、悪いか悪くないのか、判断がつきかねている事例があります。「尊厳死」や「安楽死」です。

「尊厳死」は、人間が人間としての尊厳（dignity）を保って死に臨むことです。「安楽死」は、人間（または動物）に苦痛をあたえずに、死に至らせることです。ともに一般的には、不治の病にかかっていて、治る見込みのない方が対象とされます。

したがって、どちらかといえば、対象となる方は年齢層が高い傾向があります。この本の読者層は、死との距離感がまだある、比較的若い人から働き盛りや子育て世代が多いと思いますので、「尊厳死」と「安楽死」については、これ以上はふれません。関心のある方は、ご自分で調べてみてください。死について考えるうえで、きっと良い勉強になります。

自殺が悪いか悪くないのかは、いろいろな角度から考えることができます。というより、いろいろな角度から考えなければならないと思います。

まずいえるのは、親しい人が自殺すると、その人とかかわりのあった人たちの多くが、悲しみの感情を抱くということです。悲しみという、重くて、なかなか消えてくれない苦痛をあたえるといってもかまいません。もし、誰かに苦痛をあたえることが悪いことなら、自殺は悪いことといえます。

宗教や哲学の領域からは、自分の生命は果たして自分のものかどうか、怪しいという疑問が出てきます。じつは、自分の生命は自分のものという考え方が一般的になったのは、社会が近代化されてからのようです。

いいかえると、近代化される前は、自分の生命は自分のものという考え方はあまりありませんでした。では誰のものかというと、自分と、自分とかかわりのある人たちによって共有されていたのです。

ことに宗教の領域では、それが顕著でした。とりわけ、キリスト教をはじめ、一神教では、人間も世界も、神によって創造されたという教えなので、生命は神のものであって、自分で好き勝手にできるものではなかったのです。一神教が広まっている社会では、自殺者の数が少ない傾向があります。その原因は、わたしたちの生命は神のものという発想に求められます。

仏教の場合は、人間も世界も、なんらの原因なしに、おのずから生じたと見なします。つまり、一神教の神みたいな創造主は想定されていません。生命は神のものという発想は、きわめて稀薄です。仏教が広まっている地域で、一神教が信仰の中心を占めている地域に比べると、自殺者が多い原因は、このあたりにあるという説もあります。

こういう難しい話はとりあえず横に置いておくとして、常識的に考えても、自分の生命が自分のものという考え方には、問題があります。

99ページの「あの人が死んで、わたしは生きている…いいのかな?」のところで、わたしたちは、この世に生まれてきた以上は、「自分以外の人たちと多くの関係を持たざるをえない」と述べました。「わたしたちの生命は、けっして孤立しているわけではありません。互いにまじわり、連鎖している」とも述べました。

また、こんなことも想定できます。あなたもある年齢に達すれば、好きな人ができて、結婚するかもしれません。赤ちゃんが生まれるかもしれません。そう考えると、あなたは、まだこの世に生まれていない生命と関係があるともいえます。

過ぎ去ってしまった時間、つまり過去と自分がつながっていることは、誰でも知っています。でも、まだきていない時間、つまり未来と自分がつながっていることを知っている人は、きわめて稀です。わたしたちの多くは、未来のお母さんお父さんであり、未来のおばあさん、おじいさんでもあるのです。

そうなると、自分の生命が自分だけのものとはいいきれるでしょうか。じっくりと、考えてみてください。自殺が悪いか悪くないか、という判断は、その先に見えてくるかもしれません。

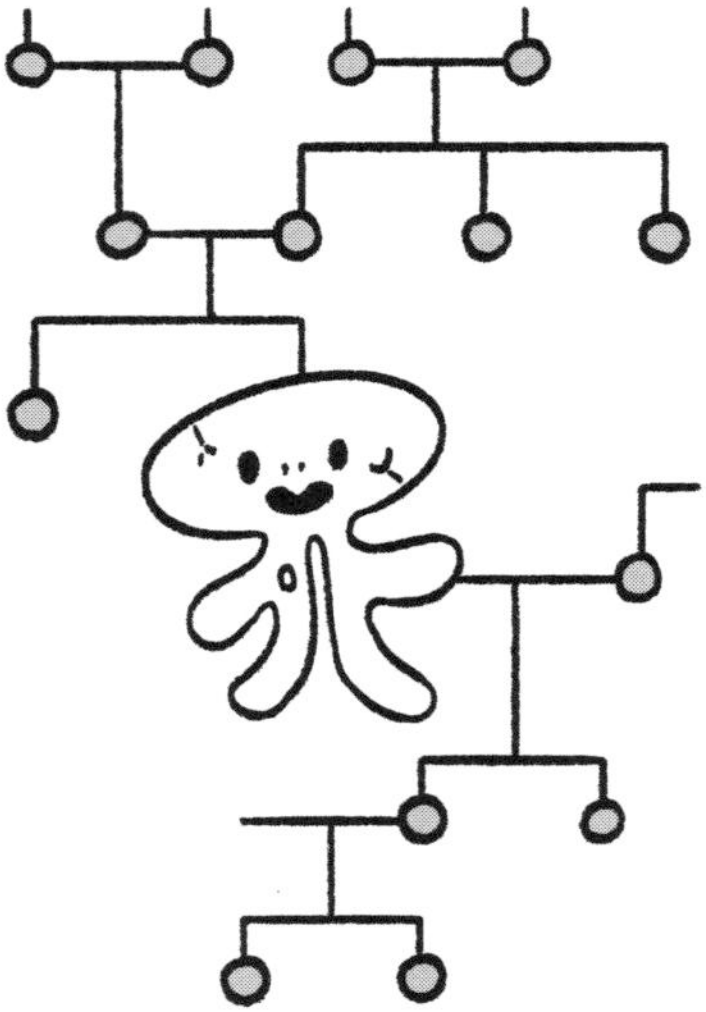

22

小説やドラマの「心中」は、死を美化していませんか？

「心中」は、文字どおり「心の中」という意味もありますが、小説やドラマで話題になるのは別の意味の場合です。おおむね二つあって、一つは、愛し合うふたりが合意のうえで、一緒に自殺（自死）することです。このときは「情死」とも表現されます。もう一つは、複数の人が一緒に自殺することで、この場合は合意のうえとは限りません。合意がないときは、「無理心中」とも表現されます。

いずれにしても、さまざまな事情で、思いどおりにいかない状況で、心中は起こります。愛し合っていても添い遂げられないとか、経済的な理由や深刻な病で生きていくのが困難になったとき、つまり絶望の果てに起こるのが普通です。

もともと仏教では自殺が厳禁されていないこともあって、かつての日本には自殺を、美化する傾向すらありました。美化された自殺の典型は、武士の「切腹」と「殉死」、そして庶民の「心中」です。

武士の切腹と殉死については、儒教の「義」の思想が影響しているという指摘があります。その典型例が「士は己を知る者のために死す」です。つまり、精神の高貴さを尊重する者は、自分の真価を評価してくれるような知遇を得たならば、その人のために生命をささげることも惜しまない、という意味です。

日本の場合は、この傾向に加えて、仏教の無常観、すなわちこの世に永遠不滅なるものは何一つないという考え方が影響しているようです。また、庶民の心中についても、浄土信仰の世俗化されたかたちという指摘があります。「厭離穢土《おんりえど》欣求浄土《ごんぐじょうど》」、つまり穢れたこの世を一刻も早く逃れて、永遠の理想郷とされる極楽浄土へ旅立ってしまおうという考え方が、すこぶる即物的にはたらけば、心中になるというのです。

切腹と殉死は、第二次世界大戦の終結とともに、ほぼなくなりました。しかし、心中は、依然として、なくなりません。

昨今、よく話題になる自殺が、ネット自殺です。インターネット上の自殺志願者募集系サイトを通じて自殺願望を持つ者同士が知り合い、集団自殺をするのです。

このネット自殺にも、心中の匂いがただよいます。大概の場合、絶望を共有する複数の人間が、同時に自殺するというかたちは、心中の条件を立派に満たしているからです。

ただし、従来の心中と、ネット自殺とでは、違いがあることも事実です。従来の心中は、親子心中を除けば、多くのケースで、「ふたりの情死」といいかえることができます。つまり、好きな者同士が一緒に死ぬのです。でも、ネット自殺はそうではないようです。それまで一回も会ったことがない者同士が、独りで死ぬのは嫌とか怖いという理由で、一緒に死ぬケースがほとんどのようです。そこには、従来の心中に必ずといっていいほどあった、お互いの愛情交換という要素はまず見られません。正直いって、ドライというか、かさついたというか、とげとげしい印象がつきまといます。この違いはもっと認識されたほうが良いはずです。

率直にいって、日本人の心の中には、今でも自殺を美化する傾向があると思います。「残された子が不憫《ふびん》だから」といって、子どもを道連れにして、心中する親がいるのも、またそれを「確かに、子どもだけ残されたら不憫よね」といって、妙に納得してしまうわたしたちがいるのも、自殺を美化する傾向のなせるわざなのかもしれません。

自殺を美化するまではいかなくても、仕方ないと感じる日本人は多いはずです。おそらく、わたしたちの多くは、心のどこかで、自殺を容認しているのです。

このことは、日本でネット自殺が頻発し、日本以上にインターネットが普及しているアメリカや韓国で、ネット自殺が頻発しない理由と、つながっているようです。

とりわけ、韓国は自殺率が経済協力開発機構（OECD）加盟国の中でワースト一位（二〇一八年一月二三日「聯合ニュース」のインターネット版）という不名誉な記録を持っていて、その点では日本をはるかに超えています。また、ネット上のバッシングや誹謗中傷を苦にして、自殺するケースがよくあります。でも、ネット自殺はほとんど話題になりません。

もし、自殺の美化以外に原因を求めるとすれば、人間関係の違いが考えられます。日本に比べると、アメリカは個人主義的です。韓国は、日本以上に血統や家系、あるいは出身地域にこだわる傾向が強いようですが、個を主張する点では、日本よりもずっと強烈です。

日本もかつてに比べれば、かなり個を主張するようになってはいますが、それでもアメリカや韓国とは格段の差があります。わたしは韓国の大学で二年間、教鞭をとった経験があるので、その点は身に染みて感じざるをえませんでした。

ちなみに、同じキリスト教でも、自殺率は、カトリックでは低く、プロテスタントでは高い傾向があります。その原因については、いろいろな説がありますが、カトリックのほうが何かにつけて「ゆるい」ところがあるのに比べると、プロテスタントのほうが個人の行動や責任の面でずっと厳格で、抜け道があまりないからという指摘があります。

23 大事なペットの死…どう供養すればいい？

わたしの場合、物心がついてから、家の中に猫がいなかったことがありません。ニャンニャン共和国の全盛期には十四もいて、ご近所からは猫屋敷とも呼ばれていたようです。

今住んでいる家を建てるときにも、はじめから猫専用の出入り口を作りました。勝手に入ってきて、そのまま住みついてしまった猫もたくさんいました。

猫も生き物ですから、いつかは死にます。長生きする猫もいれば、短い生命しかない猫もいます。でも猫自身は、長生きが幸福で、短い生命が不幸とは思っていないでしょう。

猫の生活は「食べて、寝て、遊ぶ」だけです。それ以外のことはしません。

「食べて、寝て、遊ぶ」といえば、かつてよく似たキャッチコピーがありました。そちらは全部ひらがなで、「くうねるあそぶ。」でした。

発表されたのは一九八九年。日産のセフィーロという自動車のCMに使われました。このキャッチコピーを作ったのはコピーライターの糸井重里さんで、CMは歌手の井上陽水さんが、まず「合い言葉は『くうねるあそぶ。』」と口にするところからはじまります。

歴代のキャッチコピーの中でも、この「くうねるあそぶ。」は傑作と評価されているようです。そのわけは、「食べて、寝て、遊ぶ」ことが、人間にとって、幸せの基本だからです。

逆にいうと、「食べられず、寝られず、遊べない」境遇にある人がいくらでもいるということです。わたしたちの国、日本では、「食べられず、寝られず」にいる人は少なくなりましたが、ゼロではありません。何やかやと忙しすぎて、「遊べない」人はかえって増えていると思います。

それを考えれば、「食べて、寝て、遊ぶ」ことができている猫は、十分幸せなはずです。なにしろ、人間でもなかなか叶えられない幸せな境遇にいるのですから。

もちろん、このことは何も猫に限りません。犬でも、ハムスターでも、ペットすべてに共通します。ですから、生きているうちに「食べて、寝て、遊ぶ」ことができていたのであれば、そのペットは自分の生命をたっぷり享受できたと見なして良いのです。

ところで、動物に霊魂があるかないか。この問題をめぐっては、宗教によって考え方は異なります。キリスト教をはじめ、一神教はおおむね動物に霊魂を認めません。それに対して、仏教は動物にも霊魂を認めます。なぜなら、輪廻転生《りんねてんしょう》といって、生命体は地獄に住むものから、天上界の神々の世界に住むものまで、生前の行為の善悪によって、生まれ変わり死に変わると見なされているからです。

わたし自身は、猫にも霊魂があると考えています。長らく猫たちと暮らしていると、人間に人格があるのと同じように、猫にも〝猫格〟があって、品性豊かな猫もいれば、そうでない猫もいることがわかってきます。

他のペットも同じでしょう。中には、下劣な人間よりもずっと立派な「格」を持ったペットもいると思います。

ですから、猫が死んだときは、ちゃんとお弔《とむら》いをします。わたしは密教というタイプの仏教の研究者なので、人が亡くなったときに密教で使われてきた「光《こう》明真言《みょうしんごん》（おん　あぼきゃ　べいろしゃなう　まかぼだら　まに　はんどま　じんばら　はらばりたや　うん）」という聖なる呪文を唱えて、家の庭に葬ってきました。

マンション住まいなどですと、専門の業者に頼んで、荼毘《だび》に付してもらうことになると思いますが、その前に、人間でいえば、お通夜にあたるような時間をもうけてください。まかり間違っても、ゴミとして処理するようなことはしないでください。

なお、生前に「食べて、寝て、遊ぶ」ことが十分できていれば、ペットがたたるなんて考える必要は絶対ありません。

29

動物たちは死を考えるの？

自然界の動物たちが生きるために、どれくらい苛酷な体験をせざるをえないか、少しお話ししておきます。以下は、わたしが友人の絵本作家、あべ弘士さんから聞いた話です。あべさんは絵本作家になる前は、北海道の旭川市にある旭山動物園の飼育係でした。専門はカワウソです。

ちなみに、旭山動物園が今のように、日本でも最高の人気を誇る動物園の一つになるにあたっては、あべさんの功績はとても大きいものでした。有志の皆さんのアイデアをあべさんが絵にして、外部の関係者にアピールできたからです。もし、あべさんの絵がなければ、こううまくはいかなかったといわれています。

さて、本題です。

まず最初はホッキョクグマの例です。ホッキョクグマのお母さんは、平均で二頭の赤ちゃんを産みます。なぜ、二頭かというと、一頭はいわば保険だそうです。つまり、二頭のうち、どちらか一頭が無事に育ってくれれば、それで良いのです。餌が十分に得られれば、二頭ともに育つでしょうが、餌が十分でなければ、どちらか一頭しか育たないことも稀ではありません。

さらに問題なのは、餌がまったく足りないときです。そうなると、二頭が育つのはまったく無理で、かろうじて一頭だけが残ることになります。

もっと問題なのは、お母さんが食べる餌まで足りないときです。お母さんが栄養失調では、赤ちゃんは育てられません。そういうとき、ホッキョクグマのお母さんはどうするのでしょうか。

じつは、赤ちゃんを食べてしまうのです。せっかく産んだ赤ちゃんですが、その大切な赤ちゃんを食べることによって、お母さんが生き延びるのです。お母さんが死んでしまっては、文字どおり、元も子もないからです。そして、次の年、生き延びたお母さんが赤ちゃんを産んで育てる。これが、ホッキョクグマの生き方です。

次は、北ヨーロッパのスカンジナビア半島に生息するフクロウの例です。このフクロウも、普通は二個、卵を産みます。二個という数は、ホッキョクグマと同じように、一個が保険になるからです。

スカンジナビア半島に生息するフクロウの餌は、主にレミングと呼ばれるネズミの一種です。このレミングにはたいへん変わった習性があります。三〜四年の周期で個体数が急激に増減するのです。

この習性に合わせて、フクロウも子育てに特異な習性を持っています。レミングが平均から平均以上の数、獲られる年は、お母さんフクロウは二個、卵を産みます。

問題は、レミングが激減して、ほとんど獲られない年です。そういう年に限って、非常に不思議なことに、お母さんは七個、二日おきに卵を産むのです。

なぜでしょう。餌が得られないのに、卵の数が異常に多い。奇妙な話です。

こたえは、最初のほうに孵化《ふか》した赤ちゃんフクロウが、後で孵化する兄弟姉妹を次々に食べて、一羽だけ生き残るのだそうです。フクロウの場合は、とにかく一羽だけでも育てば、それで良いということです。

このように、自然界の動物たちは、わたしたちの想像をはるかに超える苛酷な世界に生きているのです。そこでは、死は日常茶飯の出来事なのです。お母さんも兄弟姉妹も、状況次第で、自分を食べてしまうかもしれないのです。ですから、死について考える余裕など、あるはずがありません。でも、それが不幸なことなのかどうか、何ともいえません。

ただし、象は死んだ仲間を偲ぶのではないか、という説もあります。移動の途中などに、鼻で、かつてそこで死んでしまった仲間の骨に触るシーンが見られるからです。象の心の中を知るすべはないので、それが事実かどうか、証明するのは至難のわざですが、興味深い事例であることは確かです。

25

食われて死ぬ恐怖って…？

漫画家、諫山創《いさやまはじめ》さんの『進撃の巨人』は、突如として出現した「巨人」の圧倒的な力に打ちのめされ、滅亡の淵に立たされた人類の姿を描いています。設定はまさにありえない状況なのに、現代社会が直面しているさまざまな困難とどこかでつながっていると思わせることもあって、いろいろな解釈が可能なことも、高い評価を得ている理由のようです。

この作品でもっとも衝撃的なのは、人が巨人に食われてしまうという設定です。人を食うのは、「無垢《むく》の巨人」と呼ばれる巨人たちです。彼らは民族間の抗争の結果、敵対する民族から、刑罰として、「無垢の巨人」にされてしまったのです。

彼らは知性や理性をまったく持っていません。ただひたすら、人を感知し、人を追跡し、人を食らいます。ただそれだけを、死ぬまで繰り返すのですが、ほとんど無限の寿命をあたえられていて、死ぬことがほとんどないというところが、とても重要です。つまり、永遠の罪業《ざいごう》を背負ったまま、いつまでも生き続けなければならないのです。死ぬことを否定されたという点では、癌細胞にたとえられるかもしれません。

原作・アニメ版の第一話でも、主人公エレン・イェーガーの母親が、彼の目の前で、「無垢の巨人」に食われてしまいます。そのとき、食われる人が抱くであろう恐怖は、想像を絶します。

人が食われることは、現代社会ではまずありません。かつては「食人」の習慣が、ごく一部の民族でありましたが、今は絶えています。

二〇世紀以降で、人が人に食われた確実な例の一つといえば、「アンデスの聖餐」と呼ばれる事件でしょう。一九七二年一〇月一三日に、ウルグアイ空軍五七一便がアンデス山脈に墜落し、救援活動が難航する中で食料が尽き果て、生存者が遺体を食べたのです。生存者の救出後、その是非をめぐって論争がありましたが、カトリック教会はこうした状況下における食人は、罪にあたらないと結論を下しました。

太平洋戦争の末期、食べる物がなくなってしまった日本軍の兵士が、仲間の肉を食べたという話もあります。大岡昇平という作家が書いた小説の『野火』には、彼が兵士として出征したフィリピンで、一部の兵士が、他の兵士を殺して、その肉を食べたという記述が見られます。実際に、南太平洋のグアム島では、敗走中の兵士が、一緒に逃げていた日本人の親子を殺害して、その肉を食べるという事件が発生しています。

考えてみれば、現時点でも、地球上のいたるところで、野生動物たちはつねに食われる恐怖にさらされています。昆虫類からはじまって、魚類も両生類も爬虫類も鳥類も、もちろん哺乳類も、食われる恐怖と無縁ではいられません。

他の動物を襲う場合、ネコ科の動物は獲物の首筋に、鋭い牙で噛みついて、ほとんど一瞬で殺しますから、殺された動物は生きたまま食われる恐怖を味わうことは、あまりないようです。でも、ネコ科以外の動物は、そこまで殺す技術が発達していないので、餌食となった動物が生きたまま食われることも少なくないようです。現に、ハイエナは捕獲した獲物がまだ生きている状態で、いちばん栄養価の高い内臓あたりから食べはじめるそうです。

生きたまま食われるなんて、想像しただけで寒気がしてきますが、大昔は人類も似たようなものだったようです。たとえば、今から六八〜七八万年前頃に生存していた北京原人に、その例が見出されます。発見された骨が粉々にされていたり、動物の牙らしき傷跡があることから、ハイエナ類に食べられていた可能性が指摘されているのです。

生きたまま食われるとなると、その痛みは強烈なはずです。しかし、生命を死に至らしめるような甚大な被害を受けた場合、かえって痛みを感じないという説もあります。生命の危機をもたらさない小さな傷は痛くても、死に直結する致命傷は痛くないという逆説です。痛みという感覚は、危険を察知したり回避するために、あらかじめ用意されているそうなので、もはや察知や回避という段階ではなく、確実に死に至るような状況下では、痛みを感じる意味がないともいえます。

でも、人間には、動物とは比べものにならないくらい発達した想像力がありますから、その想像力が生きたまま食われる恐怖を増大させてしまうのは、当然の成り行きです。

といいながらも、わたしたちは、完璧な菜食主義者でもない限り、毎日のように、動物を食べています。脳があまり発達していない魚類はさておくとしても、かなり利口なはずの豚や牛が、殺されるときに、どれほどの恐怖を感じているか、想像する人は稀です。

このことと関連して、キリスト教でごく最近まで、動物には霊魂がないという説が有力だった理由は、動物に霊魂があると認めると殺して食べにくくなるからという指摘があります。もっとも、そのあたりの認識が変わってきたのか、アメリカでは家畜をいかに恐怖を感じさせずに殺すか、真面目に研究して、実践しているとも聞きます。

人間はもともと雑食性だそうですから、動物を殺して食べることは、自然の理にかなっているそうです。ちなみに、ブッダは動物を食べてはいけないとはいっていません。その人のために、新たに動物が殺されるのは許されませんが、すでに食材として提供されている場合は、食べてもかまわないという態度でした。ただし、どのような食材であれ、食べすぎはかたく禁じています。

対照的にイエス・キリストは、新約聖書の『ルカによる福音書』の第七章第三四節を読むと、「大食漢で大酒飲みだ」と批判されています。飲食に関しては、どうやら禁欲的ではなかったようです。

26 死んだ人の魂が見守っているって、本当？

東日本大震災の後、被災地に幽霊が出ていることはすでに54ページで述べました。じつは、この震災以降、幽霊の出方に、これまでとは違いがあるようです。幽霊といえば、怖いものというのが常識です。幽霊に出られて、喜んだという話はあまり聞いたことがありません。

ところが、今回はその常識が必ずしも通用しません。怖くない幽霊というか、優しい幽霊というか、とにかく会えて嬉しいと思わせるような幽霊も出ているのです。

これは、同じ大震災でも、一九九五年の阪神・淡路大震災ではなかったことです。原因はまだ解明されていませんが、津波と火災による被害の違いや、特有の死生観や霊魂が保たれ、生者と死者がゆきかう『遠野物語』を生み出した東北地方ならではの文化に由来するのではないか、という指摘があります。

具体的な例をあげましょう。

二〇一一年七月二九日の朝日新聞に、「鎮魂を歩く〔20〕ほら、聞こえる　お父さんの声」と題して掲載された記事には、おおむねこういうことが書かれています。

仙台市若林区の佐竹安勝さんは、毎日朝早くから海に出てアサリを捕ることを仕事にしていた。震災の前夜、食卓で安勝さんは出し抜けに妻のかほるさんに「たまには夫婦で旅行でもすっぺ」と語った。かほるさんは何の気なしに「そうだね」とうなずいたという。

震災で死者となった安勝さんは、しばしば家族の元に現れた。

通夜の晩、娘の弓子さんが車の中から外を眺めていると、寺の門の横に、ジャージー姿で帽子をかぶり、ポケットに両手を突っ込んだ安勝さんが、いつもの猫背姿で立っていた。驚いてよく見ると、姿は消えていた。妻のかほるさんも「よく声が聞こえるんです」という。

この話をかほるさんと弓子さんは涙をこぼしたり、笑みを浮かべたりしながら話した。「まだそのへんにいるような気がする」。かほるさんは繰り返した。「きっと見守ってくれているんだよ」。「ほら、また声がする」

この記事を読むと、亡くなられた安勝さんの霊は鎮魂され、今はもう安定した霊となって、家族を守護する役割を担っていると思われます。

この事例のように、全然怖くなく、家族を優しく見守る幽霊が登場したという事実は、非常に意義深いものがあります。なぜなら、幽霊というよりも、いわゆるご先祖様のイメージに近いからです。

日本人の伝統的な死生観では、人は死ぬと、ある一定の期間ののち、安定した先祖霊となり、さらには神となると信じられていました。安勝さんの幽霊には、そんな感じがするのです。

ひょっとしたら、優しい幽霊の出現は、近代化が一段落した今、もしくは近代化の末路がはっきり見えてきた今、日本人の心に、何か新しい感性が生まれつつあることを示唆しているのではないでしょうか。

27 死んだ人が夢にあらわれた…これってどういうこと?

すでに61ページでお話ししたとおり、わたしは毎晩、夢を見ます。夢をまったく見なかったことは、記憶にありません。

わたしもそれなりの年齢ですから、この世から姿を消した親戚縁者、知人、友人が少なからずいます。たとえば、祖母や父がそうですし、同年配の知人や友人の中にも、あるいは年下の知人や友人でも、もうこの世では会えない人たちがいます。

そういう人たちも、夢によく出てきます。

ただし、夢を見ている最中は、死んだ人が出てきても、その人が死んでしまったとは認識していません。その人がもう死んでしまったのだと気づくのは、目が覚めてからです。

ですから、夢の中では、生きていたときと同じように、特に気をつかうこともなく、接しているのが普通です。少なくとも、わたしの場合は、そうです。

とはいっても、ごく稀に、夢の中ですでに、その人が死んでしまっていることに気づくことがあります。それは、すごく会いたいのに、死んでしまって、もう会えないと強く思っている人が出てきたときのようです。

そういうときは、会えた嬉しさともう会えない悲しさがいりまじって、とても複雑な感情が生まれます。涙ぽろぽろという感じで、目が覚めてからも、その感情がかなり長く続くことがあります。

また、白昼夢というのでしょうか、真っ昼間に、死んでしまった人に会った記憶も、二度ほどあります。実際には、錯視か錯覚か、もしくは他人のそら似だったのでしょうが、わたし自身は、会えて良かったと心底、思いました。変な言い方ですが、死んでしまったのに、とても元気そうで、美しく見えたからです。

人がなぜ夢を見るのか。科学的な探求はずいぶん前からされてきました。しかし、なぜ夢を見るのか、という根本的な疑問には、まだこたえられていません。

普段、意識の下にうずもれている何かが、夢となって出現することは、確かなようですが、それ以上のことは未解明のままです。

わかっているのは、たとえば、睡眠には、脳は活動しているのに身体は眠っているレム睡眠と、脳も身体も眠っているノンレム睡眠があることなどです。

人は眠りにつくとき、最初にノンレム睡眠に入ります。二時間ほどすると、今度はレム睡眠に入り、その後はノンレム睡眠とレム睡眠が交互にあらわれます。レム睡眠の時間は二〇～三〇分と短いのですが、この間に夢をよく見ることもわかっています。金縛りもレム睡眠と関係があると考えられています。

なお、以前は、夢はもっぱらノンレム睡眠のときにしか見ないと考えられていました。ところが、近年では、レム睡眠のときでも、ノンレム睡眠ほどではないにしても、夢を見ることがあきらかになっています。

「明晰夢《めいせきむ》」というタイプの夢があることもわかっています。普通は、夢を見ている最中に、これは夢だと認識できません。ところが、夢を見ている最中に、これは夢だと認識できることがあります。この現象は「明晰夢」と呼ばれます。これが夢だと認識できているので、夢をある程度、コントロールできるともいわれます。

ちなみに、わたしが研究してきたチベット密教には、「ミラム（夢）」と呼ばれる修行法があります。その名のとおり、夢を使って、悟りの境地をめざす修行法です。この「ミラム」が、「明晰夢」を利用している可能性があります。

この修行法に習熟すると、死んでしまってもう会えない人に会えるかもしれません。でも、夢は扱い方を間違えると、人を狂気の世界へ導いてしまう危険があります。「ミラム」でも、その点が強調されています。夢を使っていながら、夢と現実を混同してはならないと警告しています。夢は、軽く扱うことも、深入りしすぎることも、ともに厳禁なのです。

28

亡くなった人の気配を感じたら？

親しかった人を亡くすと、どうしても神経が過敏になります。妙にハイな状態が続くこともあります。そうかと思うと、激しく落ち込むこともあります。いずれにしても、尋常ではない精神状態になりやすいのは、疑いようのない事実です。普段なら、何ということもなく見過ごしてしまうものでも、気にかかって、思わず目を向けてしまいます。ちょっとした物音にも、耳が敏感に反応してしまいます。

また、睡眠不足になりがちです。そうなると、身体は疲れ果ててくるのですが、感覚はかえって変に冴えてしまいがちです。

やや余談めきますが、修行の際は、睡眠時間を減らすのが常道です。そして、心身ともに、疲労困憊《こんぱい》の状態に、あえて人工的に追い込んでいきます。なぜなら、そういう状態でこそ、神秘的な体験が得られやすいからです。元気で、ぴんぴんしているときには、神秘的な体験はほとんど起こりません。

この点からすると、親しかった人を亡くして、睡眠不足になっているときは、通常では起こりえない体験が起こりやすいことがわかります。亡くなった人の気配を感じるというのも、今述べたことと無縁ではありません。

修行の場合は、自ら求めて、そういう特殊な状態を作り出すのですが、親しかった人を亡くして、睡眠不足になっているのは、自ら求めて、そうなったわけではありません。むしろ、そうなってほしくはないのに、結果的にそうなってしまっているのです。この差は、決定的です。

もちろん、ひとくちに亡くなった人の気配といっても、さまざまです。感じられて良かったということもあれば、ゾッとしてしまって、恐怖のあまり、パニックになりそうなこともあるはずです。

そのどちらでも、大切なのは冷静に対処することです。喜びすぎず、怖がりすぎず、つとめて冷静にふるまってください。性急に判断するのは、禁物です。

そもそも、気配を感じてしまう原因の多くは、ここまで述べてきたとおり、尋常ではない精神状態にあります。ですから、まずは精神状態を尋常に戻すことが求められます。精神状態を尋常に戻すためには、身体の状態を尋常に戻す必要があります。身体の状態を尋常に戻すためには、食べて、寝て、遊ぶことです。思いつめるのは、最悪です。

もっとも、食べて、寝て、遊ぶといっても、なにしろ尋常ではない精神状態では、なかなか実行できません。そういうときは、「食べる→寝る→遊ぶ」という順番を、「遊ぶ→食べる→寝る」、もしくは「遊ぶ→寝る→食べる」に変えます。

こんな気持ちのときに、遊んでなんていられない、と思うかもしれませんが、こういうときにこそ、人は遊ばなければいけません。度を過ぎなければ、お酒を飲むのも、有効な手です。

こうして、精神状態が尋常に近いところまで戻ったら、そのとき、あらためて、亡くなった人の気配を感じたときのことを、思い出してください。そうすれば、冷静に、気配の意味や本質を判断できると思います。

まだ思い出したくないのであれば、無理をすることはありません。思い出したくなるまで、いくらでも待ってください。あせることはありません。

待っているうちに、忘れてしまっても、全然かまいません。忘れてしまうということは、その程度のことだったという証拠ですから、気に病むことはないのです。

III

自分の死

29

自分がいつか死ぬなんて、想像できませんが…？

わたしたち人間に限らず、あらゆる生命体は、生まれた瞬間から死に向かって、一瞬も休むことなく、歩み続けています。生命体の中には、人間の想像を超える寿命の長さを持つものがいます。たとえば、樹木のスギの仲間には数千年の寿命を持つものがあるようです。また、極端に暑かったり、その逆に極端に寒かったり、極度に乾燥していたりというぐあいに、人間の尺度ではとうてい信じられないくらい苛酷な環境でもしぶとく生き抜いている生命体もあります。

しかし、いくら寿命が長くても、いくら苛酷な環境に適応できても、いつかは死にます。これは、生命体の宿命です。

このように、わたしたちは、毎日毎日、時々刻々、死につつあるのですが、見方を変えると、生き延びつつあるともいえます。生まれてまもなく死んでしまう人もいます。戦争などに巻き込まれて、いつ死んでもおかしくないような状況もありえます。それを考えれば、毎日毎日、時々刻々、生き延びつつあるともいえるのです。

あえて極端な表現をするなら、健康に恵まれた元気な人は、毎日毎日、時々刻々、死につつあり、反対に健康に恵まれず元気のない人は、時々刻々、生き延びつつあるのです。平和を享受できて、安全な環境にある人は、毎日毎日、時々刻々、死につつあり、反対に平和を享受できず、安全とは縁のない環境にある人は、毎日毎日、時々刻々、生き延びつつあるのです。人は置かれた環境によって、感じ方も一八〇度変わります。

「自分がいつか死ぬなんて、なんだか想像できない」のは、若いみそらで死ぬケースが稀になったからでもあります。大昔のことはさておき、今から一〇〇年ほど前の大正時代でも日本人の平均寿命は四五歳がやっとでした。昭和前期でも五〇歳に達していません。

原因は、乳幼児の死亡率が高かっただけではありません。10代や20代で、その頃国民病と恐れられていた結核にかかって、若死にしてしまう例がいくらでもあったからです。

一九三八年に発表された堀辰雄の名作、『風立ちぬ』のヒロインのモデルとなった矢野綾子は、肺結核で二四歳で亡くなっています。堀辰雄に師事していた詩人の立原道造も肺結核におかされ、その享年はわずか二四歳でした。堀辰雄自身も、肺結核に悩まされ続け、四八歳で死去しました。宮沢賢治も同じ病気で、三七歳で亡くなりました。

それに比べれば、現在の平均寿命は男女ともに八〇歳を超えています。一〇〇歳以上の超高齢者も、稀ではなくなりました。むろん、若年層の死亡率も、劇的に下がっています。わたしの周りでも、若死にする人はめったにいなくなりました。

とすれば、「自分がいつか死ぬなんて、なんだか想像できない」のは、当然の結果です。別に、あなたの感性が鈍いせいでもなければ、想像力に乏しいせいでもありません。

死には至らないまでも、子どもの頃に、重い病気にかかった経験があるとないとでは、その人の死生観や人生観に大きな違いが出るという指摘もあります。

「はじめに」でふれたとおり、少年時代のわたしは、かなり病弱な体質でした。ときには学校を一ヶ月間も休むほどだったのですが、それが宗教学という、人間の生死にかかわる学問領域に進んだ理由の一つだったのかもしれません。大人になってから、人類が居住する場所としては、地球上でもっとも苛酷な環境の一つとされるチベットやヒマラヤに、二〇回も調査に出かけたことを考えると、自分でも「嘘みたい！」と思うことがあります。

30 余命宣告されたら、何をしたらいいんだろう？

余命宣告されたら、誰でもうろたえると思います。余命を宣告された直後の段階では、「何をしたらいいんだろう？」と考える余裕など、たぶんないでしょう。「何をしたらいいんだろう？」と考えられるようになるのは、しばらく経ってからになるはずです。中には、うろたえたままで、「何をしたらいいんだろう？」と考えることもできず、死んでいく人がいるかもしれません。

心筋梗塞や脳溢血、脳梗塞などでは、発作と同時に死に直面するケースも少なくないので、余命宣告とはあまり縁がありません。もし、余命宣告されるとすれば、癌の場合だと思います。

癌は、突発性ではなく、進行性の病気なので、余命がある程度までは予想できるようです。ただし、痛くて、苦しい時間が長く続くというイメージがつきまといます。

余命が宣告されたら、「何をしたらいいんだろう？」と考える前に、決めておかなければならないことが、最低でも二つあります。延命のための治療を受けるか受けないか、痛みや苦しみをやわらげるための緩和ケアを受けるか受けないか、です。本当は、致命的な病気にかかる前に決めておくのが理想ですが、日々の生活に追われていると、なかなか難しいのが実状です。

延命治療は、本人が「もうこれ以上は延命治療をしないでほしい」と思っていても、その意見が通らないこともあります。できる限りのことはしておかないと、あの家族は肉親を粗末にしたと世間様から後ろ指をさされかねないとばかりに、医者に「最高の治療」を要請するケースがあるのです。医者のほうも、そうすれば多額の金が入ってくるのだから、これ幸いと延命につとめるというパターンです。そうなると、とても厄介です。

緩和ケアは、痛みや苦しみをやわらげるうえで、かなり効果があります。その反面で、投与される薬物によっては、精神面に影響をあたえる可能性があります。

つまり、感じる力や考える力を衰えさせ、意識状態が低下してしまうこともありえます。ですから、痛みや苦しみを覚悟して、緩和ケアを拒否する人もいます。

この二つの課題に自分なりのこたえを見出したとして、さて今度は本題の「何をしたらいいんだろう?」です。正直いって、この問いには、「これだ!」というこたえが見つかりません。なぜなら、年齢、家族を中心とする人間関係をはじめ、その人をとりまく条件が、まさに人それぞれで、違いすぎるからです。

家族がいる場合は、自分が死んだ後、彼らがどうなるか、心配は尽きません。それやこれやで、時間はどんどん過ぎていきます。

その種の課題も何とか解決できたとして、誰しも思うのは、残された時間で「好きなことをやる」でしょう。あらためて指摘するまでもなく、「好きなこと」は人にとって千差万別です。思いっきり遊びたい人もいれば、これだけは生きているうちに成し遂げたいという仕事がある人もいるはずです。

もちろん、その人の体力や経済力から、さまざまな制約が出てくることも予想できます。思いどおりになるケースは、少ないかもしれません。現実には、できる範囲で、ということになると思います。

死後世界の実在や生まれ変わりを肯定する信仰を持っていれば、こういうときに役立つかもしれませんが、信仰心は元気な頃から育んでいないと、力にはなりません。

といっても、宗教や信仰と縁遠くなってしまっている現代の日本人にとって、信仰心を育むのは「言うは易く行うは難し」の典型例です。また、元気なときは、信仰心なんて必要ないと思うのが普通です。

そういう事情を考えると、変なおすすめで恐縮ですが、風邪などを引いて、体調をちょっと崩したときが、チャンスになるかもしれません。寝ながら、宗教に関連する本を読んでみるのも、一つの手段です。

元気なときでも、もちろんチャンスはあります。たとえば、大自然の中に入り、その息吹にふれて感動したとき、その感動が醒めないうちに、宗教書に限定せず、自然の営みを語る本を読むのも、回り道のように思えますが、あんがい信仰心に目覚めるきっかけになります。お寺や美術館で、すてきな仏像と出会って、感動したときも、絶好のチャンスです。

ただし、世の中には、宗教の名のもとに、人の不幸につけ込もうとする者たちがいないとも限りません。切羽詰まった状況に追い込まれてから、宗教に頼るのはやめたほうが無難です。

それよりも、死を間近にした人に、無理を承知で、一つだけ、お願いしたいことがあります。誰でもできることです。

嘘でも良いですから、ご家族や友人に、「ありがとう」といってください。

そのひとことで、残された人たちは、間違いなく救われます。これは、家族の一人が亡くなったとき、わたし自身が体験したことなので、保証できます。

31

けっきょく死んだら、みんな同じ？

もし、死後世界や生まれ変わりが本当にあるなら、「けっきょく死んだら、みんな同じ」にはなりません。仏教的な言い方をすれば、因果応報《いんがおうほう》です。生前に善《よ》いことをたくさんしていれば、極楽浄土みたいな良いところに往生したり、生前よりも良い境遇に生まれ変わることになります。生前に悪いことばかりしていれば、地獄の世界や餓鬼《がき》の世界みたいな悪いところに堕ちたり、生前よりも良くない境遇に生まれ変わることになります。この点は、キリスト教でもほぼ同じです。

しかし、死後世界や生まれ変わりが本当にあるかないかは、これまで述べてきたとおり、現代人が客観的な判断基準にして信頼している科学では、証明できません。この種の問題はあくまで宗教上の課題です。あなたが信じるか信じないか、です。

宗教の力が弱まってきた現代社会では、「けっきょく死んだら、みんな同じ」と考えている人が大多数かもしれません。「けっきょく死んだら、みんな同じ」を否定するに足る根拠を、「これがそうだよ」と、万人が納得するかたちで見出すのは困難です。たとえば、東日本大震災の後、残された人たちを優しく見守る幽霊がいる、という報道も、嘘か幻覚、もしくはＰＴＳＤ（心的外傷後ストレス障害）のなせるわざにすぎないと思っている人は、いくらでもいます。

ただし、その人の生きざまや死にざまが、生前、その人となんらかのかかわりがあった人たちに、ときにはそれまでまったく縁のなかった人たちにも、影響をあたえる可能性は排除できません。

宗教改革を主導して、プロテスタント教会の創始者となったマルティン・ルターがいったとも、別の人がいったとも伝えられる言葉に、「たとえ明日、この世界が滅びるとしても、今日、わたしはリンゴの木を植える」というものがあります。

この言葉に感銘を受ける人は、たぶん「けっきょく死んだら、みんな同じ」とは考えないと思います。

仏教経典の『法華経《ほけきょう》』の「薬王菩薩本事品《やくおうぼさつほんじほん》」という章に、「わが身を燈明《とうみょう》として、世界を照らす」ことを誓って、そのとおりに実践した菩薩の物語が書かれています。

この「わが身を燈明として、世界を照らす」という言葉に感銘を受ける人も、たぶん「けっきょく死んだら、みんな同じ」とは考えないと思います。

わたしが生涯をかけて学んできた大乗仏教では、悟りとも呼ばれる最高真理は、ほとんど永遠のかなたに設定されています。仮に、この世で悟ったとしても、その悟りは仮の悟りであり、悟りの第一歩にすぎないと見なされています。

しかし、求めるべき対象が、ほとんど永遠のかなたに設定されているからといって、今という時点を軽視してはなりません。なぜなら、最高真理を求めて、歩み続けていくことこそ、最高真理へ到達するための唯一の道だからです。そして、最高真理を求めて、歩みはじめたその瞬間から、そこにはすでに最高真理が、わずかながらも得られていると見なされるからです。

このあたりの事情を、『華厳経《けごんきょう》』という経典は「初発心時便成正覚《しょほっしんじべんじょうしょうがく》」、つまり「悟りを求める心を初めて起こすとき、すでに悟りがある」と説明しています。

また、チベット仏教でも「道果説（ラムデー）」といって、「最高真理を求めて歩み続ける道こそ、最高真理のあらわれに他ならない」と説明しています。

わたしはこのような言葉にいたく感銘を受けるほうなので、「けっきょく死んだら、みんな同じ」とは考えていません。

32

いつか死ぬなら、何をしてもいいんじゃない？

そう考える人は、いつの時代にもいました。

たとえば、ブッダが登場した二五〇〇年ほど前のインドで活動していたローカーヤタ派と呼ばれる学派が、そうでした。この学派の人々は、死んだら、それで全部お終《しま》い、死後世界もなければ、霊魂も残らないという具合に、古代としては珍しく、唯物論的な考え方を採用していました。

とにかく、死んだら何もかもなくなってしまう。死後世界も霊魂もないのだから、生前に善いことをしようが悪いことをしようが、その影響はまったく考えなくてかまわない。とすれば、生きているうちにやりたい放題やっておくほうがいいんだと主張したのです。

もっとも、ローカーヤタ派は、ローカーヤタ派以外の人々からは、下劣きわまりないことをいうやつらだと、毛嫌いされていました。

場所と時代は変わって、一〇世紀後半のヨーロッパでも、似たことが起こりました。発端は、多くのキリスト教徒が、イエス・キリストが生まれて一〇〇〇年経つと、もしくはイエス・キリストが死んで一〇〇〇年経つと、この世は滅びてしまう、みんな死んじゃうんだと信じて疑わなかったことにありました。

そのため、この世の終わりが意識されはじめた九五〇年頃から、あとわずかしか残されていない時間をどう過ごすかをめぐって、極端な言動と行動が横行したのです。

一方には、ますます宗教に入れ込む人々があらわれました。ひたすら禁欲的な日々を送り、敬虔な祈りをささげ、すべてを捨ててエルサレムをはじめとする聖地への巡礼に旅立っていきました。

逆の一方には、何の役にも立たない宗教なんてクソ食らえという人々があらわれました。何もかもお終いなんだから、この際、したいほうだいしたほうが勝ちだとばかりに、飲めや歌えのらんちき騒ぎ、乱交パーティなどなど、ありとあらゆる欲望に身も心もゆだねっぱなしでした。

けっきょく、西暦一〇〇〇年が過ぎても、世界は滅びなかったので、両極端の行動もしだいにおさまっていきました。しかし、人間は絶望すると、何をしでかすかわからないという教訓は、人々の心に長く記憶されることになります。

それをふまえて、キリスト教では、神は人間の行動をどこまで許容するか、という課題がよく論じられてきました。キリスト教の場合、人間は唯一絶対の神によって創造されたことになっていますから、どの課題でも、つねに神と人間の関係が論議の鍵になります。

具体的な例をあげれば、ロシアの大作家、ドストエフスキーの大長編小説として知られる『カラマゾフの兄弟』に、一九世紀に勃発したロシアとトルコの戦争で、実際に起こったとされる事件を借りて、設問とそのこたえが書かれています。

まず、設問は、乳飲み子を母親の胸からもぎ取って、空中に投げ上げて銃剣で殺すという自由を、神は人間にあたえているか、あたえていないか、です。こたえは、神は人間にそういう自由をあたえている、です。ただし、真に神を愛する者は、そういうことはしないという付帯条件がついています。

どうも話が難しくなって、申し訳ないのですが、「いつか死ぬなら、何をしてもいいんじゃない？」という問いにちゃんとこたえるには、最低でも、これくらい知的な、あるいは宗教的な知見が欠かせない、とわたしは考えています。

33 良い死に方と悪い死に方って、あるんですか？

何が良い死に方で、何が悪い死に方か。判定するのは難しいと思います。そもそも、人の死に方に、良いとか悪いとか、あれこれ評価すること自体、傲慢といわれかねません。

とはいっても、死の直前に自分の人生をふりかえって、「ああ、これで良かった」と思える死に方と、「ちくしょう、悔しい！」という思いしか浮かんでこない死に方とでは、やはり違いがあります。死に方にも、良い悪いがないとはいいきれません。

最近ではあまり使われなくなってしまいましたが、「非業《ひごう》の死」という言葉があります。天寿をまっとうできず、本人がもっとも望んでいなかった死に方をした場合などに、よく用いられました。具体的な例をあげれば、戦死、他殺、事故死の他、失意の極みで死なざるをえなかった場合も含まれます。

日本の歴史を例にとれば、85ページで論じた「怨霊《おんりょう》」は、皆「非業の死」を遂げた人たちばかりです。「非業の死」は、良い死に方とはとてもいえません。恨み、つらみ、怒り、悔い、悲しみといった感情を抱いたまま死ぬのは、やはり良い死に方とは考えられません。本人も嫌でしょうが、その人を見守っている人たちも、良い気持ちはしません。

ロシアの大文豪、トルストイの代表作として有名な小説の『アンナ・カレーニナ』の冒頭に、「幸福な家庭はすべてよく似たものであるが、不幸な家庭は皆それぞれに不幸である」という言葉が出てきます。

この言葉は、死に方にも共通するようです。良い死に方はどれもよく似ていますが、悪い死に方はそれこそいろいろあります。

43~44ページでもふれましたが、死後世界の描写もそうです。極楽浄土や天国の描写はどれもよく似ています。はっきりいって、ワン・パターンで、こんなことをいってはいけませんが、つまらないのです。すぐに退屈してしまいそうなせ界としか思えないので、いつまでもいたくはありません。それに対して、地獄の描写はバリエーション豊かで、興味を引かれます。どうやら、人間の想像力はマイナス方向に発達してきたようです。

ところで、悪い死に方の典型例として、しばしばとりあげられる死に方がありま す。孤独死です。ひとりぼっちで、誰にも看取られることのない死に方は、マスコミでもジャーナリズムでも、とかく悪い死に方として論じられがちです。

しかし、わたしは孤独死を悪い死に方と決めつけることに、大反対です。孤独死したからといって、その人が惨めな死に方をしたと思うのは、まさしく不遜の極みです。

人は文字どおり人それぞれです。世の中には、孤独を楽しむ人もいます。誰も彼もが、いつも複数の人たちに囲まれていたいわけではありません。

とりわけ、創造性に富む仕事は、孤独でなければできない傾向があります。わいわい、がやがやは、多くの場合、創造性の邪魔になります。

仏教でも、いつもみんなと一緒で、わいわい、がやがやでは、修行になりません。ですから、ブッダは弟子たちに、「犀《さい》の角のごとく、独り歩め」という遺言を残しています。ちなみに、「犀の角のごとく」といっている理由は、鹿などは角が二本ありますが、犀の角は一本しかないからです。

もし、問題があるとすれば、孤独死ではなく、孤立死です。孤独死は、自ら望んで独りであることを選んでいます。でも、孤立死は、誰かに一緒にいてほしかったのに、誰も一緒にいてくれず、結果的にひとりぼっちで死なざるをえなかったケースです。

もっとも、自ら孤独を選ぶには、心の強さが必要です。誰でもできるわけではありません。また、孤独と孤立の境界も、じつはそれほどはっきりしていないかもしれません。そんなこんなで、いつのまにか、孤独死と孤立死がごっちゃにされ、ひとりぼっちで死ぬと、悪い死に方といわれるようになってしまったのでしょう。

それを承知のうえで、あえて申し上げますが、わたしは孤独死が悪い死に方とはけっして思いません。

39 苦しまない死に方は、ありますか？

先年、一〇五歳の高齢で亡くなられた聖路加《せいるか》国際病院名誉院長の日野原重明先生が、生前、長生きをするメリットをあげておられました。先生にいわせると、長生きをすると、楽に死ねるそうです。病気にかかっても、いわゆる長患いする可能性が低く、わりあい短期間で、さほど苦しまずに死ねるというのです。

日野原先生の見解は、確かに一理あります。先生の見解に賛同される方は、がんばって長生きしてみてください。

死に直面したとき、感じる苦しみには、大きく分けて二種類あります。肉体的な苦しみと精神的な苦しみです。

このうち、肉体的な苦しみは、緩和ケアで、完全とはいわないまでも、ある程度まで軽減できます。でも、精神的な苦しみは、なかなか消えてくれません。認知症になってしまえば、何もわからなくなるのだから、楽になると思い込んでいる人がけっこういます。でも、それはかなり怪しい話のようです。

なぜなら、認知症がかなり進行しても、苦しみの一種ともいえる悲哀感は、そう簡単には消えないからです。つまり、楽しい気分よりも、悲しい気分のほうが、ずっとしぶとく残って、人を苦しめるようなのです。

では、なぜ、悲しい気分が優先してしまうのか。理由はいくつかあります。

一つはプライドです。人間には誰にでもプライドというものがあります。あんな人にプライドなんてあるわけがない、と思わせるような人にも、ちゃんとプライドはあります。多くの人は、プライドが十分に満たされないと、生きている甲斐がないと感じます。

認知症になると、さまざまな能力が格段に落ちてしまいます。今までできたことが、次々にできなくなってしまいます。そういうとき、人はプライドをひどく傷つけられます。

そして、プライドを傷つけられることほど、人を悲しませることはありません。

その結果、悲哀感だけがどんどん増殖していくのです。

精神医学や脳生理学の研究でも、人間の脳は、何事も楽観的に受けとるプラス思考よりも、悲観的に受けとるマイナス思考を優先させる事実があきらかになっています。

現代の日本社会のように、自然界の脅威からそこそこ解放され、飢え死にしたり、戦争で死ぬ可能性もあまりなく、安全がそこそこ以上に保障されたところでは、マイナス思考は、人間関係を損なう要素として、敬遠されがちです。

しかし、つねに自然界の脅威にさらされ、飢え死にしたり、戦争で死ぬ可能性が高いところでは、プラス思考は生命を危機に導きかねません。「用心、用心、人を見たら泥棒と思え!」のマイナス思考のほうが、危険を避け、生命を維持するうえで、ずっと有効なのです。

でも、マイナス思考の一点張りでは、人間関係がぎくしゃくしてしまい、社会の秩序もうまく保てません。そこで、人間は長い時間をかけて、愛とか慈悲とか連帯感とか友情とか、ようするに人間関係を穏便に維持するための、いわば歯止めとしてはたらく精神的な力を発明したと考えられます。

ところが、認知症が重くなると、その種の歯止めが失われてしまいます。すると、本来のマイナス思考がここぞとばかりに、頭をもたげてくるのです。こうなると、面倒です。

重度の認知症の人は、物事を筋道立てて考える力が大きく損なわれる傾向がありますから、どうしても感情的になりがちです。根拠のない思い込みや妄想にも支配されがちです。そのため、悲しい気持ちが心全体に広がって、収拾がつかなくなります。

もし、救いがあるとすれば、記憶力が衰えているので、わりあい短い時間で、悲しい気持ちそのものを、忘れてしまうこともあるくらいでしょうか。まさに悲しい話です。

認知症が最終的な段階まで進むと、外界に対してまったく反応しなくなります。当然ですが、意思の疎通もできなくなります。この状態では、悲しいとか苦しいという気持ちはもう生まれないのかもしれません。それが幸せかどうか、第三者には判断がつきません。ただ、そういう状態になってしまった人を見ていて、わたしたちが幸せな気持ちになることは、まずありません。

35

神様には、どんな力があるの？

アニメ映画『もののけ姫』も終わりに近いシーンで、巨大なイノシシの姿の神である乙事主《おっことぬし》と、やはり巨大なヤマイヌの姿の神であるモロが、戦います。乙事主は瀕死の重傷を負い、タタリ神になってしまっていました。その様子を、カモシカのような姿をしたシシ神の首を奪おうとたくらむジコ坊が、見ています。

そのとき、シシ神があらわれ、乙事主に近づいていきます。そして、乙事主に口を寄せると、乙事主は大きな音を立てて、倒れふします。死んだのです。

すると、ジコ坊が「なんとシシ神は生命を吸いとるのか」とつぶやきます。ジコ坊がつぶやいたとおり、シシ神は乙事主の生命を吸いとったのです。

シシ神が生と死を両方とも支配していることは、アニメのあちこちに表現されています。最初に姿をあらわすシーンでは、シシ神が一歩足を踏み出すたびに、草木が芽生え、次の瞬間には枯れ落ちていきます。

最初にご紹介したアニメの最後に近いシーンでは、生命を吸いとってしまいましたが、別のシーンでは、重傷を負った主人公のアシタカの生命を救ったりもします。

このように、生と死を両方とも支配することこそ、神と呼ばれる存在にとって、必須の要件です。もっとも、同じ神でも、乙事主やモロには、そういう力はありませんから、最高ランクかそれに近い、偉大な神の要件と見なしたほうが、正しいかもしれません。

その反対に、神とはいえない存在でありながら、生と死を両方とも支配していると見なされていた例もあります。たとえば、縄文時代の人々は毒蛇のマムシに、その実例を見出していたようです。

じつは、縄文時代に作られた土器の中に、マムシの造形があるのです。具体的な例をあげれば、長野県茅野《ちの》市の尖石《とがりいし》遺跡から出土した「マムシの這う深鉢」（縄文中期＝五五〇〇年～四五〇〇年前）や山梨県甲州市の安道寺《あんどうじ》遺跡から出土した「マムシに守られた有孔鍔付土器《ゆうこうつばつきどき》」（縄文中期）です。二つの土器ともに、頭が三角形の蛇の造形が見られます。三角形の頭は毒蛇の特徴なので、これらの蛇がマムシであることは、まず確実です。

では、なぜ、マムシを造形したのか。その理由は、猛毒で人を死に至らしめる存在だからこそ、人を死から救う力があると考えられたからではないでしょうか。つまり、生命を奪う力を持つものには、生命をあたえる力もある、という発想です。

こちらはれっきとした神様ですが、大黒天も同じ力を持っていると見なされて、あがめられてきました。日本の大黒天は、福々しい顔と身体で、大きな袋を背に負い、二俵の米俵の上にのっています。この姿形からわかるとおり、典型的な財宝神です。

ところが、その由来は、ヒンドゥー教の破壊神であるシヴァです。それも、シヴァ神の中でも、もっとも猛悪とされる「マハー・カーラ」というタイプが、原型です。

問題は、この「マハー・カーラ」という名です。前の「マハー」は「偉大な」

という意味です。ちなみに、「摩訶不思議《まかふしぎ》」というときの「摩訶」は、この「マハー」を漢字を使って音を写しています。

後ろの「カーラ」には二つの意味があります。一つは「黒い」という意味です。そこで、「マハー・カーラ」を「大黒」と意訳したのです。注目すべきは、もう一つの意味のほうです。それは「時間」です。したがって、この場合、「マハー・カーラ」は「偉大な時間の支配者」を意味します。

わたしたちを含め、ありとあらゆる生命体は、時間の中で生まれ、時間の中で死んでいきます。ということは、「時間の支配者」こそ、生と死の両方の支配者といえます。

文字どおり、「知らぬが仏」で、わたしたちは大黒天を、優しくて、富をあたえてくれる神様としてあがめてきました。しかし、本当はとても怖い神様なのです。

それにしても、シシ神と大黒天がよく似た性質を持っているなんて、おもしろいと思いませんか。

IV

巷《ちまた》の死

36 臓器提供した身体の一部は、ずっと生きている?

この問いについて、現代の医学では否定的です。なぜなら、どの臓器もその臓器を構成している細胞が、次々に入れ替わっていくことがわかっているからです。ただし、入れ替わる速さは、年齢や臓器によって異なります。一般的に、若ければ速く、年をとれば遅くなります。

入れ替わりのスピードは速い順に並べると、次のようになります。白血球の顆《か》粒球《りゅうきゅう》は約三日。腸や胃の内壁の細胞は約五日。皮膚は約二八日。赤血球は約一二〇日。骨は約半年。肝臓は約一五〇日だそうです。

中には、脳や心臓みたいに、細胞が入れ替わっているのかどうかもまだよくわかっていない、もしくは入れ替わるとしても、とても長い時間がかかる臓器もあるようです。

ということで、心臓が移植された場合は、ずっと生きていることになるかもしれません。

せっかくの機会なので、話をもう少し拡げましょう。移植された臓器が、移植先の人に、なんらかの影響をあたえる可能性は、あるのでしょうか。

話の手がかりになりそうな漫画作品があります。手塚治虫の「ジョーを訪ねた男」です。この作品は、手塚治虫が一九六八年から一九七〇年にかけて、漫画雑誌の『プレイコミック』に連載した短編集、『空気の底』の第一作として、発表されました。臓器移植がテーマになっていて、のちに大ヒット作となる医療漫画、『ブラック・ジャック』の先駆けとも評価されています。

「ジョーを訪ねた男」のあらすじは、こうです。

徹底的な人種差別主義者の白人将校、オハラ大尉が、ベトナムとおぼしき戦場で、瀕死の重傷を負います。気がつくと、一命をとりとめていましたが、そのために臓器移植が広範囲でおこなわれた事実を告げられます。しかも、臓器の提供者が、オハラ大尉がいつも弾よけに使っていて、オハラ大尉が瀕死の重傷を負った戦闘で死亡した、ジョーという名の黒人青年だったこともあきらかにされます。

差別の対象だった黒人の臓器を移植されたことで、オハラ大尉は自分がもはや白人ではなくなってしまったと思い込みます。そして、このことを隠蔽《いんぺい》しようとします。ジョーの臓器がオハラ大尉に移植されたことを書いた手紙が、戦死通知と一緒にジョーの母親に届けられたことを知ったオハラ大尉は、その手紙を焼き捨てようと、スラム街にあるジョーの家を訪れる……。

この作品はあくまでフィクションです。でも、臓器を移植されたら、その臓器を提供した人の意識や記憶が、臓器にとどまっていて、その影響を受けると考える人がいるかもしれません。心や人格に変化が生じてしまうのではないか、と疑う人がいるかもしれません。中には、オハラ大尉のように、人種まで変わってしまうと信じ込む人があるかもしれません。

移植された臓器が、移植先の人に、なんらかの影響をあたえるかどうか。これはなかなか難しい問題です。

かつては、人間の身体と精神の両面にわたる活動はすべて脳とかかわっている、と考えられていました。いわゆる「唯脳論」です。

たとえば、NHKが一九九三年から一九九四年にかけて、六回にわたり放映した『驚異の小宇宙　人体Ⅱ　脳と心』が、その典型例です。「脳と心」というタイトルからわかるとおり、心あるいは精神活動は脳のはたらきに他ならず、脳こそが、各種の臓器をはじめ、すべてをコントロールしているというニュアンスが感じられます。

ところが、同じNHKが二〇一七年から二〇一八年にかけて放映した『人体　神秘の巨大ネットワーク』では、様子が大きく変わりました。もはや「唯脳論」ではないのです。臓器どうしが、脳を介さずに、情報をやりとりしている。脳が一方的に臓器に命令を出すとは限らず、その逆に臓器が脳を動かしている場合もある、と解説されているからです。

もし、そうだとすると、移植された臓器が、移植先の人に、なんらかの影響をあたえる可能性がないとはいいきれなくなります。

ただし、未解明なことはまだまだたくさんあるようです。研究がさらに進めば、もっとはっきりしたこたえが出てくるでしょうから、それまで根気よく待ちましょう。

37 かっこいい死に方って、あるの？

まず考えなければならないのは、「かっこいい死に方」の「かっこいい」という言葉の中身です。つまり、何をもって「かっこいい死に方」と見なすのか。逆にいえば、何をもって「かっこ悪い死に方」と見なすのか、ということです。

そもそも、人の死に方に「かっこいい」とか「かっこ悪い」とかいったものがあるのか。それが問題です。

確かに、さんざん法や倫理にふれるような悪いことをしていて、それがばれて、死ぬしかなくなるというのは、かっこ悪い死に方かもしれません。でも、法や倫理にふれるような悪いことをしても、権力者の鼻をあかしたり悪徳な大金持ちからお金を盗んだりして、そのあげくに処刑された場合は、人々から拍手喝采されることもあります。

たとえば、鼠小僧次郎吉《ねずみこぞうじろきち》（一七九七?〜一八三二）や国定忠治《くにさだちゅうじ》（一八一〇〜一八五一）などは、庶民の英雄にまつりあげられてきました。特に、国定忠治は死に際がじつに堂々としていて、多くの人々から称讃されました。

磔《はりつけ》の刑に処せられ、槍で突かれるにあたり、「手前儀、悪党を致しまして国のみせしめになって御成敗と決まり有難うござんす。お陰で小伝馬町牢内でも身持大切にできやして、かように天下の御法に叶うことに相成り、天にものぼるような喜びにござんす」といい残しました。そして、槍で突かれるたびに目を閉じ、一槍突いては引き抜くごとにかっと目を開き、一五〇〇人ともいわれる見物人を見回したそうです。これを一二回も繰り返し、一三回目の槍で絶命したと伝えられます。この話は記録があるので、嘘ではないようです。

どうひいき目に見ても、本当にかっこ悪い死に方としては、排便中に殺される、トイレの中に追いつめられて殺されるという例があげられます。古代ローマ帝国の皇帝で、大浴場を作らせたことで有名なカラカラ帝は、遠征先の道ばたで排便中に、個人的な恨みを持つ護衛の兵士に後ろから刺されて、殺されています。

『古事記』には、日本武尊《やまとたけるのみこと》が双子の兄を「朝、トイレに入るときに、待ちかまえていて捕まえ、打ちのめして、手足をもぎとり、むしろに包んで捨ててしまいました」と書かれています。この事件がきっかけとなって、日本武尊はお父さんの景行《けいこう》天皇からうとまれ、日本各地を平定する危ない仕事を担当させられることになるのですが、それにしても、弟にトイレで殺されるとは、やはり不名誉な話です。

もし、かっこいい死に方があるとすれば、自己犠牲型の死に方でしょうか。自分が死ぬことで、大勢の人の生命《いのち》を救うという死に方です。戦国時代の武将が、自分の生命と引き替えに、家臣の生命を助けてもらったという話は、かなりあります。もっとも、この場合も、家臣たちが自分たちの生命をまっとうするために、主君に切腹を強制した可能性もないではありません。そこまでいかなくても、戦いの状況が絶望的になったとき、家臣からいわれなくても、主君が自発的に切腹を申し出て、家臣たちの生命を救うという不文律があったともいいます。

自己犠牲型の死に方のうち、後世にもっとも大きな影響をあたえた死に方は、イエス・キリストの死に方です。キリスト教の教義では、イエスは罪なくして、全人類の罪をあがなうために、あえて処刑されたことになっています。キリスト教徒にとって、このイエスの死に方ほど、高貴で立派な死に方はありません。

よく似た死に方は、アニメ映画『風の谷のナウシカ』にも見られます。物語の最終局面で、ナウシカは風の谷の人々を救うために、自分の生命をさしだします。

いったん死んだ後で、再びよみがえってくるところも、イエスとナウシカに共通します。その背景には、自らすすんで生命をさしだすことで、永遠の生命を得るという発想があるのでしょう。

38 主人公の死はタブー？

テレビで放映されるアニメに、「魔法少女アニメ」と呼ばれるジャンルがあります。その名のとおり、「かわいい系魔女」が主人公のアニメです。

発端は、アメリカで制作され、日本でも放映されて大ヒットした『奥さまは魔女』という番組です。魔女といえば、かつては怖い、恐ろしいと相場が決まっていましたが、『奥さまは魔女』は、それを逆手にとって、怖くない、でも魔法は使えるという設定で、大受けしたのです。

『奥さまは魔女』は、いわゆる実写版でしたが、『奥さまは魔女』の大ヒットを見て、「これからは魔女ものだ！」と考えた漫画家がいました。のちに多彩なジャンルをてがけて、手塚治虫さんや石ノ森章太郎さんとともに、日本漫画界の巨匠とたたえられることになる横山光輝さんです。

その横山さんが『魔法使いサリー』という作品を、少女向け漫画雑誌の『りぼん』に連載しはじめたところ、機を見るに敏なテレビ界が目をつけ、同年中にはテレビアニメの放映も開始されました。『魔法使いサリー』に続いて、日本の「かわいい系魔女」路線を決定的にしたのが、赤塚不二夫さんの『ひみつのアッコちゃん』でした。

この路線の中で、一九八〇年代を代表する作品が『魔法のプリンセス ミンキーモモ』（空モモ）です。ミンキーモモ・シリーズは前後二作あり、主人公モモの出身地とされる夢の王国のある場所にちなんで、最初のバージョンのモモは「空モモ」、後のバージョンのモモは「海モモ」と呼ばれています。ここでとりあげるのは、「空モモ」のほうです。

『ミンキーモモ』は、主人公のモモが、空に浮かぶ夢の国フェナリナーサから、お供の犬と鳥と猿を連れて、地球にやってきたことからはじまります。彼女は特別な使命を帯びていました。

昔々、人々が夢や希望にあふれていた頃は、夢の国は地球にありました。ところが、人々が夢や希望を失った今は、夢の国は地球を離れ、宇宙のはるかかなたに漂うようになってしまっているのです。モモにあたえられた使命は、人々に夢や希望を取り戻させて、夢の国を再び地球に戻すことでした。

そのために、モモは子どものいない夫婦を見つけて、自分の里親にします。

もちろん、モモも魔女ですから、魔法を使えます。もっとも得意な魔法は、魔法のステッキを持ち、呪文を唱えて、一八歳の女性に変身することです。その魔法でモモはあらゆる職業のエキスパートになることができて、難問を解決するという設定になっていました。

しかも、その変身シーンでは、ミンキーステッキと呼ばれる魔法のステッキからリボンが出てきます。これまでのアニメの変身シーンにはない華麗さがあって、じつに見映えがしました。一説には、その頃流行していた新体操の某選手の演技がモデルといわれますが、確かなことはわかりません。

いずれにしても、この変身シーンが、その後の魔法少女たちの変身シーンに大きな影響をあたえたことは確かです。やがて、この延長線上に、『美少女戦士セーラームーン』みたいな、ド派手な変身シーンが登場してくるのです。

しかし、これほど魔法少女アニメのお約束に忠実だった『ミンキーモモ』が、魔法少女アニメにとっては、もはやお約束とすらいえないほど絶対的な要請を、もののみごとに裏切ってしまいます。ほとんどのアニメ、とりわけ少女をターゲットにするアニメでは、主人公は絶対に死なないというお約束があります。そのお約束を、『ミンキーモモ』は破ってしまったのです。事実上の最終回にあたる第四六話で、モモは暴走してきたトラックにひかれて死んでしまいます。

昔から、男性に比べると、女性は悲しみに対して敏感といわれてきました。最新の大脳生理学の成果でも、女性の脳は男性の脳に比べ、悲しみを感じる部位がずっと大きいことがわかっています。ある研究者にいわせれば、「女性の脳は悲しむ脳」なのです。

悲しみの中でも、いちばん大きな悲しみは、愛する人との別れです。特に、「死」です。少女の場合、経験を積むことができた大人の女性に比べても、感受性はさらに鋭いのが普通です。

したがって、少女向けのアニメでは、主人公が死んでしまうという設定はまずありえません。主人公の死は、まさにタブーです。そのタブーを、『ミンキーモモ』は破ってしまいました。

　主人公が死んでしまうアニメとしては、手塚治虫さんの『鉄腕アトム』があげられます。このテレビアニメ史上の永遠の傑作の最終回で、地球を救うために、アトムは太陽に飛び込んでいきます。崇高な自己犠牲の精神が、そこに語られているのです。

『フランダースの犬』も、主人公が死んでしまう点では同じです。極寒の吹雪にさらされて疲れ果てたネロは、ようやくたどりついたアントワープの大聖堂で、あこがれのルーベンスの絵の前に倒れふしたまま、愛犬のパトラッシュとともに、死んでしまいます。

　でも、モモの死は、アトムやネロの死とは、まるで違います。視聴者が見ている前で、「えっ、まさか！」という感じで、あっさり死んでしまいます。それは、ある意味で、どこにでもありそうな、きわめて日常的な死でした。

　しかし、だからこそ、モモの死は、見ていた少女たちに強烈なショックをあたえました。だから、続編の「海モモ」なんか、絶対見る気にならないという人がけっこういたくらいです。

アニメの展開を少しふりかえってみると、モモの死には伏線が張られています。第四三話では、恋を経験するものの、自分が夢の国の王女だという立場を考えて、あきらめざるをえませんでした。第四四話では、ずっと子どもが授からなかったモモのママへの受胎告知、つまり赤ちゃんが宿ったことがわかります。第四五話では、モモが乗る空飛ぶ弁当箱〝グルメポッポ〟のドリームエネルギーが切れ、魔法のペンダントも拳銃で撃たれてこなごなになってしまいます。

そして、運命の第四六話が……。

一九八〇年代に放映されたテレビアニメで、ここまでよく考えられた設定は、他にはなかなか見つかりません。制作者も、モモの死が、視聴者の大半を占めている少女たちにあたえる影響を、よほど考え抜いたのでしょう。

39

生命を選んでいいのでしょうか？

社会派推理小説の傑作と高く評価される『飢餓海峡』を書いた水上《みずかみ》勉《つとむ》（一九一九～二〇〇四）さんは、少年の頃、京都にある禅宗のお寺で修行していたことがあります。代表作の一つ、『雁の寺』はその体験をふまえて書かれました。

水上さんが禅宗のお寺に入ったのは、九歳もしくは一〇歳のときでした。お寺に入った理由は、悟りを求めようとか、立派なお坊さんになろうとかではなく、もっぱら経済的な事情にあったようです。ご本人の述懐によれば、大工だった父親が家庭をまったくかえりみなかったので、極貧状態だったそうです。電気代を払えず、電気を止められ、夜になれば、家の中は真っ暗。トイレは家の外に置かれた桶ですませていました。

その水上さんが、子どもの頃体験した話を書いた短編があります。『桑の子』という題名です。

「桑の子」は「桑っ子」ともいいました。「桑」という言葉がついているのは、生まれてすぐに、桑畑に捨てられたからです。

ただし、桑畑に捨てられただけでは、「桑っ子」とは呼ばれません。捨てられた桑畑から生家まで、はいずって戻ってきた子が「桑っ子」と呼ばれたのです。そういう子は、根性があって、親孝行をすると見なされ、大事に育てられたといいます。

『桑の子』には、水上さんの友だちの中にも、「桑っ子」がいたことが書かれています。もっとも、その子はまだ子どものうちに死んでしまい、親孝行をする年齢にはなれなかったそうです。

ところで、なぜ、桑畑だったのか。明治時代から昭和初期の日本は、絹の生産が非常に盛んで、主な産業の地位にありました。軍艦を絹で買ったといわれるくらいですから、国をあげて養蚕が奨励され、蚕を育てるために、その餌となる桑が、いたるところに植えられていたのです。

なぜ、産まれてすぐに捨てられたのか。いろいろな事情で育てられないからです。あるいは、子どもはたくさんいるので、もう必要ないと判断されたからです。だったら、産まなければいいのにと、わたしたちは思いますが、水上さんが生まれ育った頃の日本では、避妊にあまり関心がなかったようです。

そういえば、江戸時代も終わりに近い文化八年（一八一一）に、現在の北海道にあたる松前に、不法入国の疑いで拘禁されていたロシア人の艦長、ヴァシーリー・ゴロヴニーンが、『日本幽囚記』という著書に、こんなことを書き残しています。

「日本のこの人口過剰のため、貧乏な親たちは、自分の子が身体薄弱とか畸形《きけい》の兆候があると、赤坊《あかんぼう》のうちによく殺すので、ある法律にはそうした殺人を厳禁しているが、政府は大して人間を必要としないので、あまり捜査に身を入れない。したがって、嬰児《えいじ》は、むしろ政治的な理由によって死んでいくのである。かくて、この種の犯罪は大したもつれもなく、親たちはいつも罪を免れているのである」

また、江戸末期の文久元年（一八六一）、今の横浜に施療所を開設したジェームス・カーティス・ヘボン（一八一五～一九一一）も、「奇形児は見当たらなかった。というのは、こうした子どもは生存を許されなかったからである」と書き残しています。

日本人の新生児（嬰児）殺しは、戦国時代にキリスト教を布教するために、ヨーロッパから日本を訪れた宣教師やその関係者たちも指摘しています。たとえば、ポルトガルから日本にやってきたルイス・デ・アルメイダ（一五二五？〜一五八三）は、今の大分県大分市に、私財を投じて乳児院を建てていますが、きっかけは、当時の日本で広くおこなわれていた新生児殺しや間引きの現実に、衝撃を受けたからでした。

ゴロヴニーンやヘボンやアルメイダのような、キリスト教徒から見れば、近代化する前の日本人の行為は、とうてい許せなかったのです。

ちなみに、何年か前、中国からの留学生から「日本には障害者が多いですね」といわれました。中国では障害者をめったに見ないそうです。

もちろん、新生児を含む子殺しという視点から見るとき、現代の日本にまったく問題がないとはとてもいえません。かつてとは異なるタイプの子殺しが横行しているからです。

育てようと思えば、育てられるのに、親の一方的な都合で殺される幼い子どもが少なからずいるのです。こういうことは昔からあったようですが、近年増加していることも事実のようです。日本小児科学会の「子どもの死亡登録・検証委員会」の報告によれば、虐待などで殺されている子どもの数は、推計では一日あたり一人くらいにのぼるそうです。背景には子育て環境にまつわるさまざまな社会問題があります。とはいえ、親のエゴが、子どもの生命を奪っている。この現実を無視するわけにはいきません。

40 お地蔵さんがあちこちに…なぜ?

アニメ映画『となりのトトロ』の終わりのほうに、病院にいるお母さんにトウモロコシを届けようと、ひとりで飛び出したメイが歩き疲れて、お地蔵さんの足もとで座り込んでいるシーンがあります。

さて、このとき、お地蔵さんは、何体立っていたでしょうか。

正解は、六体です。お地蔵さんが六体、これはでたらめでも偶然でもありません。このシーンでは、お地蔵さんは何としても六体ある必要があったのです。

六体のお地蔵さんを、「六地蔵」といいます。そして、六地蔵というのは、ほとんどの場合、村と村の境に立てられていました。この「境」という点が重要です。六地蔵は、ただ単に村と村の境を示すだけではなかったからです。じつは、この世とあの世の境も示していたのです。

少し歴史的なことをいうと、仏教が広まる前は、村と村の境には「塞《さえ》の神」がありました。「塞の神」の「塞」はもともと「さえぎる」という意味で、やがて「境」の意味を持つようになりました。ですから、「塞の神」は「境の神」ということになります。

問題は、何と何の境か、です。

こたえは「この世とあの世の境」です。証拠をあげましょう。

昔の人は、「七歳までは神のうち」といいました。数え年で七歳までは、人間界には属さず、むしろ神的な世界に属している、と考えられてきたからです。また、六〇歳を越えると、再び人間界を離脱して、神的な世界に入っていく、と見なされていました。

逆にいえば、人間とは、七歳から六〇歳までに限られていたわけです。昔は栄養状態や衛生状態が悪かったり医療が未発達だったりしたので、幼児は育てにくく死にやすく、また寿命も短くて、六〇歳を越えることは容易ではなかったのです。したがって、七歳未満と六〇歳以上を、神の領域に配するのも、無理からぬことだったのかもしれません。

この考え方では、七歳までは人間ではないので、もし死んだときは、人間を葬る墓地には入れられませんでした。塞の神のところに葬ったのです。したがって、村境の塞の神の周りには、子どもの霊がたくさんまつわりついている、と昔の人は信じていました。

塞の神は、丸石や陰陽石（男女の性器の形をした石）などの自然石で表現されることが多かったようです。昔の日本人は、石は生命のあるものと生命のないものの「境」に位置していて、特別な霊力があると信じていたからです。また、塞の神は地方によっては、道祖神《どうそじん》とか岐神《ふなどのかみ》と呼ばれることもありました。

そんな塞の神が、仏教が広まるにつれて、お地蔵さんに地位をゆずっていったのです。室町時代の初めの頃のことです。お地蔵さんが、丸い頭で、しかも石で作られている例が多いのは、こういう理由です。

六地蔵の「六」は、「六道輪廻《ろくどうりんね》」に由来しています。「六道」とは、上から順に、天・人間・阿修羅・畜生・餓鬼・地獄という、六つの世界です。仏教では、ありとあらゆる生命体は、悟りを得るまではずっと、この六つの世界をめぐり続け、

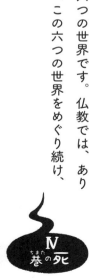

生まれ変わり死に変わると見なしてきました。めぐり続け、生まれ変わり死に変わることを「輪廻転生《りんねてんしょう》」というので、「六道」をあわせて「六道輪廻」といいます。

お地蔵さんというキャラクターは、どこでも出かけていって、生きとし生けるものを救ってくれるところに最大の特徴があります。仏教が想定する死後の理想郷といえば、阿弥陀如来の極楽浄土です。極楽浄土へ往生するには、生きているうちに念仏を唱えるとか、善《よ》いことをいっぱいしておくとか、いろいろ条件があって、往生するのはそう簡単ではないようです。うっかりすると、地獄に堕ちてしまう可能性も否めません。

いったん、地獄に堕ちてしまうと、阿弥陀如来は救ってくれません。そのとき、頼りになるのがお地蔵さんです。

そして、お地蔵さんといえば、必ず出てくるのが「賽《さい》の河原」の話です。幼くして死んでしまった子どもが、賽の河原でいっしょうけんめいに小石を積んで塔を作ろうとする。しかし、作っても作っても、鬼がやってきて、鉄棒で突き壊してしまうので、幼子たちが現世の親を恋い焦がれ、悲しみに暮れていると、地蔵菩薩があらわれて、「これからはわたしを冥土《めいど》の親と思え」といって、幼子たちを抱きあげて救う……という内容です。幼子を亡くした親にとって、お地蔵さんは唯一の救い主でもあるのです。

プラスチック製も含めると、日本で作られてきた仏像のうち、ダントツに多いのがお地蔵さんです。そのわけは、今説明したお話に求められるでしょう。

41

焼身供養って何ですか？ 自殺とは違うの？

かつて、ベトナム戦争の真っ最中、時の政権に抗議するため、当時の南ベトナムの首都サイゴン（今のホーチミン）の路上で、何人かの僧侶や尼僧が、自分の体に火を放ちました。もちろん、結果は焼死です。

また、最近、チベットでもここ数年で一〇〇人以上、僧侶たちが自分の身体に火を放っています。この場合は、中国のチベット支配に対する抵抗として、理解されています。

気をつけておかなければならないのは、イスラム原理主義に見られる自爆テロとの違いです。自爆テロは、自分を犠牲にして、他人を殺傷することが目的です。

しかし、先にふれたような「焼身供養」に他人を殺傷するという意図は、まったくありません。

この種の行為を「焼身自殺」という人がよくいますが、わたしの師である宗教学者の山折哲雄先生によれば、「焼身供養」です。自分の体に火を放って、結果的に死んでしまうという点では、同じように見えますが、「自殺」と「供養」では、持つ意味がまるで違います。

じつは、「焼身供養」にはちゃんとした根拠があります。大乗仏教を代表する経典の一つとして有名な『法華経《ほけきょう》』の「薬王菩薩本事品《やくおうぼさつほんじほん》」です。「品」は「章」を意味しますから、「薬王菩薩本事品」は「薬王菩薩の過去世の物語の章」です。

確かに、その内容は過激です。なにしろ、薬王菩薩は過去世で一切衆生喜見《いっさいしゅじょうきけん》菩薩《ぼさつ》という名であったとき、師の日月浄明徳如来《にちがつじょうみょうとくにょらい》によって説かれた法華経の功徳のおかげで「現一切色身三昧」、すなわち「布教の対象にあわせて、ありとあらゆる姿に変身できる」と呼ばれる境地を実現できたことに感謝し、師の日月浄明徳如来と法華経を供養するために、「焼身供養」を実践したのです。つまり、自分の身体を香油漬けにしてから火をともし、自らを燈明として喜捨し、一二〇〇年間にわたって全世界を照らし出そうとしたのですから、すさまじいというしかありません。

一二〇〇年後、一切衆生喜見菩薩はいったん死を迎えますが、すぐにまた日月浄明徳如来の仏国土に生まれ変わり、再び日月浄明徳如来を師として修行にはげみます。そして、日月浄明徳如来が涅槃《ねはん》に入るにあたり、『法華経』の布教をゆだねられたのでした。

日月浄明徳如来が涅槃に入ったのちは、如来の遺体を荼毘《だび》に付し、その遺骨を、八万四千の塔を作って、祀りました。さらに、その遺骨を供養するために、今度は自分の臂《ひじ》に火をつけて燈明とし、七万二千年間にわたってともし続けたと語られます。

この物語はたんなる物語では終わりませんでした。この物語を、現実の世界で、文字どおり実践した事例がいくつもあるのです。それくらい、大きな影響を後世にあたえたのです。

「焼身供養」は、「薬王菩薩本事品」を知らない圧倒的多数の人々の目から見れば、「焼身自殺」でしょうが、普通の自殺とはまったく異なります。あくまで宗教的な意味を持つ行為であり、「捨身行《しゃしんぎょう》」の極致と見なすべきなのです。ですから、「焼身自殺」という表現はやはり間違っています。
日本でも奈良時代、東大寺の大仏造立に貢献した行基の弟子たちの中に、自分の臂や指を焼いた者がいました。『続日本紀《しょくにほんぎ》』によれば、養老元年（七一七）四月壬辰（二三日）に出された元正《げんしょう》天皇の詔《みことのり》には、こう書かれています。「小僧行基。并弟子等。零畳街衢。妄説罪福。合構朋党。焚剥指臂……」。「焚剥指臂《ふんはくしひ》」といいますから、指や臂に火をつけて焼いたり、その皮膚を剥《は》いだりしたのです。ちなみに、皮膚を剥いだのは、剥いだ皮膚に経文を書くためだったと伝えられます。いずれにせよ、激烈な行為です。

「焼身供養」に通じる行為は、別にもあります。たとえば、明治一七年に林実《はやしじつ》利《かが》という修験者《しゅげんじゃ》（山伏《やまぶし》）が、那智の滝から投身しています。この方は、天下万民を救うと称して、結跏趺坐《けっかふざ》したまま、那智の滝の上からドーンと捨身するということを実践したのです。

それから、同じく明治三〇年くらいまで、山形県で実践されていた「即身仏《そくしんぶつ》」、つまり生きながらミイラになるという行も、自分の身体をささげることによって多くの衆生を救うという点に着目すれば、供養に他なりません。

92

遺体を探し続けるのは、日本人独特のこと？

事故などで亡くなった人の遺体を探し続けること、あるいは戦没された方々の遺骨を探し続けることにおいて、日本人くらい熱心な国民はいません。とりわけ、戦没された方々の遺骨を七〇年以上にもわたって、探し続けている例は、他の国ではまったく見出せません。

そこには、日本人に独特の遺体観や遺骨観が秘められています。以下では、遺体処理にまつわる話題から、そのあたりの事情を考えてみましょう。

エンバーミングをご存じでしょうか。もともとの意味は、日本語では遺体防腐処理とか遺体衛生保全と訳されてきたことからわかるように、遺体を消毒したり防腐処理したりして、長期にわたり保存できるようにする技術です。

エンバーミングが開発されたのは欧米ですが、日本でもまだわずかながら、エンバーミングがおこなわれるようになりました。その多くは、海外で不慮の事故などで亡くなられた方が対象です。現地からの搬送に時間がかかるのに加え、遺体がひどく損傷しているケースも少なくないのが、エンバーミングが必要になる理由です。

しかし、日本と欧米、特にアメリカとでは、同じエンバーミングといっても、意味づけが大きく異なります。アメリカのエンバーミングは、生前にもまして生き生きとしているかのようによそおい、遺体が自然のままに朽ちていくことにあらがい、半永久的に保存しようとする強い意志が感じられるそうです。

それに比べ、日本のエンバーミングは、あくまで生前そのままであることをめざしています。生前そのままが求められる理由は、海外で亡くなったときに、いったん離れてしまった霊魂を、もう一度呼び戻す場所として、生前そのままの遺体が必要だからなのではないか、という指摘もあります。

たとえば、二〇一三年の一月にアルジェリアでテロリストに殺害された内藤文司郎さんの遺体が日本に帰ってきたとき、遺体に向かってお母さんが、「戻ってこい、戻ってこい」と繰り返し叫び続けていたと報道されました。そのわけは、息子の霊魂はまだアルジェリアに残っている、と感じていたからだそうです。

遺骨についても、日本人は独特の対応をします。わたしたちは、火葬場で遺骨を拾うとき、細心の注意を払います。あたかも一片の遺骨に生命が宿っているかのように、箸を使って丁寧に拾い上げ、骨壺に納めます。でも、欧米人の遺骨に対する扱い方は、ずっと雑で、大雑把です。

欧米では、焼いた骨を遠心分離器にかけて、金歯などの異物をとりのぞいた後は、粉砕して、灰状にしてしまいます。焼いた骨を、英語ではボーンアッシュ、ドイツ語ではクノッヘンアッシュといいます。「骨の灰」という意味です。灰では、霊魂は宿りようがありません。

日本では、焼き上がると、焼いた骨を係の人が、これはどこの骨、あれはどこの骨、と説明してくれます。さらに、骨壺に納めるときも、下半身から順番に納めていって、最後に頭蓋骨や喉仏がいちばん上になるようにします。

ようするに、火葬した後も、焼いた骨ができる限り生前の姿をとどめるようにつとめるのです。この事実も、日本人が霊魂の宿る場所、あるいは容器として、遺骨をいかに重視していたか、とてもよく物語っています。

93

仏って、何でしょう?

二〇一一年三月一一日の東日本大震災から半年くらい経った頃、『毎日新聞』にこういう記事が載りました。震災のときに、四四歳のひとり娘を津波に流されて亡くされた、70歳代のご両親の話です。なかなか見つからなかった遺体が、やっと見つかって、火葬したときです。このとき、ご両親は娘さんの遺骨の入った骨箱を両手にかかえて、「これからはこの仏様を守っていきます」とおっしゃったのです。

ということは、ご両親にとって、娘さんの遺骨は仏そのものなのです。これは、本来、仏教信仰ではありえないことです。なぜなら、仏教でいう仏とは、ブッダ(お釈迦様)のように悟りを開いた存在か、もしくは阿弥陀如来のようにほとんど神に近い存在です。ですから、遺骨が仏ということは、絶対にありえません。

では、いったいなぜ、死んだ人の遺骨が仏という発言が出てきたのでしょうか。そこには、日本人に独特の考え方が秘められています。

それでなくても、日本では、人は死ねば、善人であろうと、悪人であろうと、いつかは皆、仏になります。生前に良くないことをした人でも、何か逃れようのないしがらみのせいでそうなっただけで、根はそう悪くないと思い込みたがります。死に馬に鞭を打たないのが、日本人の良識です。

しかし、ユーラシア大陸の東側に居住する人々の大半には、そういう発想はまずありません。死に馬にいくらでも、いつまでも鞭を打ちます。

宗教人類学の第一人者として知られる佐々木宏幹先生（駒澤大学名誉教授）は、日本人は伝統的に、以下の三種類の仏を考えてきた、という学説を提唱しています。

①如来（ブッダ・阿弥陀如来・大日如来）

②死者あるいは祖霊・先祖霊・遺体

③仏の力によって成仏《じょうぶつ》した死者・祖霊

ようするに、死んだ人も遺体も仏ですし、仏の力によって供養・回向《えこう》されて幸せになった状態も仏。本来のインド仏教以来の如来も、もちろん仏です。この三種類をまとめて「仏」と見なしているのです。

重要な事実は、日本人が、三種類の仏を、厳密に区別してこなかった点です。曖昧なまま、漠然としたままで、今日まできたのです。それこそが日本人にとっての仏なのだ、と佐々木先生は指摘しています。

ところで、お葬式を簡略化し、宗教的な色彩をすっかりはぎとってしまうような傾向の一方で、「手元供養」と称して、遺骨やその加工品を身近に置くことで、心のよりどころとしたり、故人との絆を再確認する供養の方法が登場してきています。自宅保管用ミニ骨壺や納骨ペンダント、遺骨から作られたメモリアル・ダイヤモンドなどです。

この方式ですと、お墓はあってもなくてもかまいませんし、流行している樹木葬や散骨では何も残らないので、心寂しいという人にも、向いています。そこには、こういう具体的なモノというかたちに、死者の霊魂が宿っていると感じとる心情がうかがわれます。

ただし、気になることもあります。死者と生者の距離感に、従来とは異なる傾向が生じてきている気配も感じられるのです。かつて死者の霊魂は、愛しいと同時に恐ろしい存在でもあったので、いつまでも一緒にいてほしいという思いと、どこか遠くで安定した状態になってほしいという思いが、複雑に交錯していました。

その解決法の一つが、死者の霊魂にまつわる領域を主にお寺やお坊さんにゆだねて、ふだんは浄土のような特別な場所にいてもらい、お盆のようなときにだけこの世に戻ってきてもらうという方式でした。

しかし、「手元供養」は、死者とつながるモノと、つねに一緒にいることになります。死者とつながるモノとつねに一緒にいることで、いつまでも死者との距離感がとれない事態が起こるかもしれません。それは、あまり好ましい状態ではないのではないか。わたしはそれを危惧しています。

亡くなった場所に、魂はあるの？

ジバニャンをご存じでしょうか。『妖怪ウォッチ』というアニメに登場するキャラクターです。それも脇役ではありません。準主役級です。

『妖怪ウォッチ』の「妖怪」とは、「もののけ」とか「化け物」、「変化・魔性のもの」などとも呼ばれてきたものたちです。ようするに、不気味な霊的存在で、かつては多くの人々にとって恐怖の対象でした。作中にも登場する「妖怪ウォッチ」は腕時計ですが、ただの腕時計ではありません。腕にはめて操作すると、普通の人の目には見えない妖怪を、ありありと見ることができる特別なアイテムです。

『妖怪ウォッチ』はもともとはゲームソフトでした。それがテレビアニメ化され、

テレビ東京系列にて二〇一四年一月八日から放送がはじまりました。劇場版もすでに三作が上映されています。こういうぐあいに、複数のメディアを同時展開することをクロスメディアとかメディアミックス（多角メディア展開）といいます。ゲームだったときはバトルゲームの色合いが濃かったのですが、アニメ化されてからは傾向が大きく変わり、ギャグアニメになりました。

ストーリーは、妖怪ウォッチを手に入れたことから、妖怪たちと付き合うはめになった小学校五年生の天野景太（ケータ）が体験する、かなり不思議な日常生活がベースです。

さて、肝心のジバニャンです。「ニャン」はネコの鳴き声ですから、ネコのたぐいだということはすぐわかります。しかし、「ジバ」の意味は難解です。字を見ただけでは、発音を聞いただけでは、まずわからないでしょう。

じつは「ジバニャン」の「ジバ」は地縛霊（ジバクレイ）の「ジバ」に由来しているのです。地縛霊というのは、なんらかの理由で、死んだ場所から離れられない霊のことです。大概は、不幸な死に方をしたので、その怨念がこりかたまり、あの世にいけないで、死んだ場所にとどまったままの霊なのです。

つまり、ジバニャンとは「(死んで)地縛霊になったネコの妖怪」なのです。だから、通常の生命体ではありません。堅い表現なら、霊的な存在です。そのことを目に見えるように表現するため、ジバニャンの尻尾は二股に分かれていて、先には「人魂」とか「鬼火」と呼ばれる青く光るものがついています。ちなみに、二股に分かれた尻尾は、日本古来の伝統では、いわゆる化け猫のトレードマークになってきました。

ジバニャンがどうして地縛霊になったのか、についてはテレビ版の第二五話、「ジバニャンの秘密」という回を見ると、わかります。

ジバニャンは生前はアカマルという名のネコで、エミちゃんという女の子に飼われていました。ところが、ある日、アカマルは、暴走してきたトラックにひかれそうになったエミちゃんをかばって、自分が死んでしまいます。そして、薄れいく意識の中で、エミちゃんの「ダサっ!」という言葉を聞いてしまったのです。自分の生命を犠牲にしてまでエミちゃんを救おうとしたのに、「ダサっ!」といわれて、そのショックが怨念と化して、アカマルは成仏できなくなってしまいます。こうして自分がひかれた交差点に、死後の霊的な存在となってとどまったままの地縛霊のネコ、ジバニャンが誕生したのでした。

しかし、エミちゃんは「ダサっ！」とだけ、口にしたのではなかったのです。本当は、「もしかして…死んじゃった?…。私を守るために死んじゃうの…。車にはねられたくらいでいなくなるの。そんなの…ダサ…。ダサイよ…ダサすぎるよ。何でだよ、アカマルー！」といって、涙を流してアカマルの死を悲しんでいたのです。でも、意識が薄れたアカマルの耳には「ダサっ！」の部分しか聞こえなかったので、エミちゃんの気持ちを誤解してしまったのです。

第二五話では、ジバニャンがいったん過去に戻り、自分が死んだときのいきさつを、追体験します。その結果、エミちゃんに対して抱いていた誤解が解け、ジバニャンは成仏して、天に昇っていく…という話になるのですが、そこはギャグアニメだけに、きれいごとでは終わりません。ジバニャンはあいかわらず地縛霊のネコの妖怪のままで、成仏しません。そもそもジバニャンの性格は面倒くさがり屋で、真面目とはとてもいえません。自分の本当の過去を知っても、この性格はちっとも変わりません。

それにしても、ギャグアニメとはいえ、地縛霊が準主人公級のキャラクターになるというのは、今まではまずありませんでした。

その人が死んだ場所に、日本人が特別な思いを抱いてきたことは、天皇皇后両陛下が、太平洋戦争で多くの人々が亡くなった場所をたずねる、慰霊の旅を続けられている事実からもあきらかです。亡くなった場所をたずねるという行為は、死者の魂が、死んだ場所にまだそのまま残っていると考えなければ、理解できません。そして、その場所をたずね、慰霊することによって、死者の魂が救われると考えなければ、理解できません。

外国でも似た事例がないではありませんが、日本人に比べれば、はるかに稀薄です。たとえば、航空機事故でも、欧米の国々では数日、捜索して遺体が見つからなければ、わりとあっさり捜索をやめてしまいます。遺体や遺骨に執着する意識はあまりないのです。

キリスト教の場合は、人は死ねば神によって天に召されると考えるのが一般的なので、場所にこだわる必要がないようです。

もともと、キリスト教に代表されるセム型一神教では、霊魂と肉体はまったく別物と見なされる傾向が強いのです。人が死ねば、霊魂はすぐ肉体を離れてしまうというのが常識です。

霊魂が出ていってしまった肉体は抜け殻にすぎません。たんなる物質です。キリスト教の教義では、最後の審判といって、霊魂と肉体が再び結合されて、死者は死からよみがえり、神の前で、最後の裁きを受けなければなりませんが、重要性からすると、肉体は霊魂の比ではありません。

「生」とは、何ですか？

わたしたちは生きています。この本を読んでいるあなたは、確かに生きています。しかし、わたしたちが生きていることを、心の底から実感できるときや場合は、そう多くはないようです。日々、「自分は確かに生きている！」と実感できる人は、きわめてわずかでしょう。生きていることを、とりたてて実感することもなく、なんとなく生きているというのが、現実です。

逆説的ですが、病気になったとき、生きていることを実感するケースもあります。現に、わたしがそうでした。病弱だったわたしは、中学一年生の三学期に、四〇日間も学校を休みましたが、そのときほど、生きていることを実感したことはありません。胃が痛くなれば胃があることを実感し、便秘になれば腸があることを実感するのと、同じ理屈です。

わたしたちが生きていることをなかなか実感できないのは、わたしたちが特に意識することもなく、呼吸していることにたとえられます。実感できないもの、あるいは正しく理解できないもの、それがわたしたちの「生《せい》」なのかもしれません。

わたしたちの生は、つねに現在進行形です。止まることはありません。もし、止まるときがあるとすれば、それは死ぬときです。止まらないものを、正しく理解するのは、とても難しいことです。

こう考えてくると、生を正しく理解するためには、生をありのままに映し出してくれる鏡のようなものが必要なのかもしれません。では、その鏡とはいったい何でしょうか。

こたえはたぶん、「死」です。死という鏡に照らし出されて、生は初めてその本当の姿をあらわすはずです。

ということは、死んでみないと、生を正しく理解できないことになります。しかし、死んでしまっては、元も子もありませんから、この方法は使えません。

仮に使えるとしたら、多少なりとも死を意識せざるをえない状況に、自分が置かれたときです。重い病気にかかるとか、山などで遭難しそうになるとか、そんな状況に置かれると、いやおうなく死を意識せざるをえなくなります。そういうとき、生の本当の姿をかいま見られるかもしれません。

またまたわたし自身の例で申し訳ありません。チベットの仏教を研究するために二〇回も訪れたチベット高原やヒマラヤ山脈では、なにしろ平均高度が四〇〇〇メートルという高地に加え、道路は未整備なまま。日本の基準でいえば、安全の確保はまったくできませんでした。あるはずの道が洪水でなくなっていたり、土石流に巻き込まれそうになったり、ずいぶん危ない目にあいました。その時点では「死に瀕している」とまでは思いませんでしたが、後でふりかえってみると、危機一髪だったこともたびたびありました。

同行者が重篤な高山病になり、かつぎこんだ病院の医師から、「ご臨終の一歩手前」といわれたこともあります。幸い、治療が功を奏して、助かったから良いものの、死はすぐ身近にあることを強く感じました。

そんなこんなで、誰にでもおすすめできるわけではありませんが、ときには自分を、安全とはいいきれない状況に置くことも、生を理解するうえで、かなり有効なはずです。

考えてみれば、わたしたちの生はとても不自由です。制約が非常に多いといってもかまいません。生まれてくる時代も場所も環境も選べません。容姿容貌も選べません。性も選べません。なにより、親が選べません。出来の良くない親だったりしたら、それこそ悲惨の極みです。さらに、最近の研究によると、能力や病気も70%くらいが生まれつきだそうです。なんて、不自由なんでしょう！

私たちの生に意味があるのかどうか、とたずねられても、「ある」と断言する自信はありません。だいいち、いったい誰が「その人の生に意味がある」と判断するのでしょうか。神様でしょうか、仏様でしょうか。それとも、そういう判定をするだけの権威を持つ人が、どこかにいるのでしょうか。はなはだ疑問です。

もし仮に、自分の生に意味があるとすれば、その意味は自分で見出す他ないと、わたしは考えています。その意味では、個人の独断と偏見でかまわないと思います。ただし、他人に迷惑をかけないという条件は、絶対に守らなければなりませんが……。

中国古代の聖人、孔子は「死とは何ですか?」と問われて、「いまだ生を知らず、いずくんぞ死を知らん(生の意味もきわめていないのに、死なんかわかるはずがない)」とこたえたと伝えられます。

仏教の開祖、ブッダは「生とは苦悩である」と述べています。

彼らのような偉大な人物でも、生の意味を見切ったり、生を肯定的にとらえることができなかったのですから、わたしたちのような、ごく普通の人間が、生の意味を正しく理解したり把握したりできないのは当たり前です。そう考えると、少しは気が楽になります。

わたし自身は、生と死が別々ではなく、つながっていてほしいと思っています。わたしが長く学んできた仏教では、生と死は連続すると考えられてきました。生があるから死があり、死があるから生があるというのです。仏教の用語では「生死一如《しょうじいちにょ》」と表現します。そして、「生死一如」を、わたしに残された時間内で少しでも実感できれば、わたしの生の意味も、その断片くらいは、理解し把握することができると期待しています。

参考文献

ヴァシーリー・ゴロヴニーン　井上満（訳）『日本幽囚記』（岩波文庫）
金森修『動物に魂はあるのか――生命を見つめる哲学』（中公新書）
佐々木宏幹『生活仏教の民俗誌――誰が死者を鎮め、生者を安心させるのか』（春秋社）
佐々涼子『エンジェルフライト――国際霊柩送還士』（集英社文庫）